KB063898

토니 로빈스

거인의 생각법

GIANT STEPS
by Anthony Robbins

This Korean edition was published by RH Korea Co., Ltd. in 2023
by arrangement with the original publisher, Simon & Schuster, Inc.
through KCC(Korea Copyright Center Inc.), Seoul.

토니 로빈스

거인의 생각법

내 안의 무한 능력을 꺼내는 힘

토니 로빈스 지음 | **도희진** 옮김

들어가며

진심으로 환영한다. 당신이 어떤 사람이든, 그동안 어떤 성공을 이루었고 현재 어떤 어려움을 겪고 있든, 이 책을 펼치게 된 것은 성공과 부를 향한 욕망 때문이라는 것을 알고 있다.

인생이라는 이 놀라운 여정의 길동무로서, 나는 당신의 그 노력과 열정에 경의를 표한다. 앞으로 이 책을 덮는 순간까지 한바탕 즐긴다고 생각하라. 약속하건대, 마지막에는 당신이 기대했던 것 이상의 보상을 얻을 수 있을 것이다.

우리의 '위대한 발걸음Giant Steps'은 정교한 도구와 기술, 원칙, 그리고 전략이 뒷받침되어야 가능하다. 이 책을 쓴 목적은 2가지다. 첫째는 독자에게 영감을 주는 것이고, 둘째는 사람들이 작은 실천을 꾸준히 이어가도록 함으로써 그 에너지를 모아 주목할 만한 결과로 발현시키는 것이다. 이러한 매일매일의 영감과 작은 실천은 삶의 질을 높이는 '위대한 발걸음'으로 이어질 것이다.

이 책의 모든 전략과 기술은 바쁜 라이프스타일에 맞게 당신이 매일 하루 몇 분만 시간 내면 쉽게 따라할 수 있도록 설계되었다. 이 책은 기본이 되는 결단의 힘에서 출발하여 점차 인간관계, 재산, 건강, 감정 상태에 걸쳐 구체적인 단계로 당신을 이끌어줄 것이다.
순서대로 읽든, 띄엄띄엄 읽든, 아니면 원하는 부분을 찾아 먼저 읽든, 편한 방식으로 책을 활용해보라. 최소한의 시간으로 최대치의 결과를 얻을 수 있을 것이며 1년 365일 동안 곁에 두고 천천히 깊이 생각해본다면 이 또한 분명 활용 가치가 높을 것이다.
무엇보다 읽고 나서 바로 실천해볼 것을 권하고 싶다. 행동으로 이어지지 않는다면 영감이 무슨 소용이 있겠는가? 행동 없이는 부도 성공도 아무것도 얻기 힘들다.

이러한 기술을 당신과 나눌 수 있어서 정말 기쁘다. 책 속에서 당신에게 특별한 울림을 주는 무언가를 발견한다면 더 바랄 것이 없겠다. 언젠가 당신을 만날 날이 있기를. 그때까지 지금의 열정을 놓치지 말라.

토니 로빈스

차 례

들어가며 4

이 책을 활용하는 방법 9

Section 1.
운명을 바꾸는 꿈 결단과 목표 설정 11

Section 2.
간절히 원하는 것을 얻는 법 고통, 즐거움, 그리고 마음 상태 44

Section 3.
창조하는 힘, 파괴하는 힘 믿는 대로 이루어진다 74

Section 4.
질문의 힘 질문이 곧 답이다 108

Section 5.
변화의 기술 습관 바꾸기가 부와 성공을 가른다 142

Section 6.
성공을 부르는 말,
실패를 부르는 말
말이 바뀌면
생각과 행동이 달라진다 176

Section 7.
행동 신호를 이용하는
감정의 힘
감정은 행동을
요구하는 신호다 208

Section 8.
10일간의 마음 훈련
마음을 다스리는 자가
승리한다 242

Section 9.
인생의 나침반
나만의 가치와
원칙을 정하라 276

Section 10.
새로운 삶을 여는 열쇠
자기 정체성과
경험의 상관관계 308

Section 11.
부와 성공의 전제조건
몸과 마음의 건강이 열쇠다 342

Section 12.
최고의 선물
모든 것은 나눌수록 더 커진다 374

이 책을 활용하는 방법

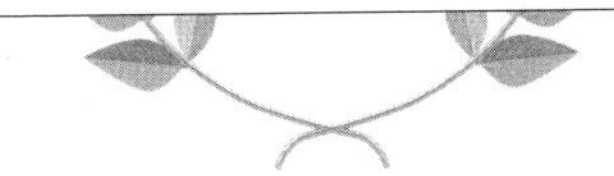

1. 하루를 마치고 혼자만의 시간을 가져보세요.
2. 이 시간은 온전히 나만의 시간이 되어야 합니다.
3. 어떤 부분이건 선택하여 3분간 글을 읽고, 3분간 질문에 답을 해봅니다.
   – 순서대로 읽든, 띄엄띄엄 읽든 상관없습니다. 원하는 부분을 찾아서 자신에게 가장 편한 방식을 따르면 됩니다.
4. 마음의 소리에 귀를 기울이고, 떠오른 생각에 집중해보세요.
   – 내용에 대해 깊이 생각해보고 자신의 느낌을 놓치지 않도록 기록해두세요.
5. 유독 마음을 불편하게 하는 이야기가 있다면 그것과 반대되는 생각을 한번 해봅니다.
6. 지금 당장 무엇을 하고 싶은지 사소한 행동을 정해보세요.
7. 매일매일 기록할 수 있는 노트를 준비해 적어두세요.
8. 자주 꺼내보면서 스스로를 조절해보세요.

Section 1.

운명을 바꾸는 꿈

결단과 목표 설정

★

일단 꿈꾸지 않으면
아무 일도 일어나지 않는다.

칼 샌드버그 Carl Sandburg

★
001

다시 꿈을 꾸자

누구나 꿈을 가지고 있다. 우리는 저마다 남다른 재능이 있으며, 지금과 다른 변화를 만들어낼 수 있고, 특별한 방식으로 다른 이들의 마음을 움직여 더 나은 세상을 만들 수 있다고 믿는다.
당신의 소망은 무엇인가? 어쩌면 당신이 잊어버렸거나 포기하기 시작한 꿈일지도 모른다. 그 꿈과 이상을 아직 간직하고 있다면 우리의 삶은 어떤 모습일까?
이제 인생에서 자신이 진정으로 원하는 것에 대해 꿈꾸고 생각해보자. 온전히 그것에 집중해보자.

★
002

운명을 결정짓는 결단

삶에서 중요한 것은 우리가 어쩌다 한 번 하는 특별한 일이 아니라 일관성을 가지고 지속적으로 하는 일이다.
모든 행동의 근원은 무엇인가? 우리가 인생에서 어떤 사람이 될지, 어느 길로 갈지 정하는 것은 무엇일까? 그것은 바로 나 자신의 결단이다.
내가 결정을 내리는 순간 내 운명도 형태를 갖는다. 그렇다. 인생은, 운명은 조건이나 상황이 아니라 나의 결심이 결정한다.

★
003

결정, 신념, 실행의 힘

대체 누가 이 온화한 성품의 평화주의자인 변호사에게 거대한 제국의 운명을 뒤바꿀 힘이 있을 것이라 생각했을까?
인도 국민이 나라의 자치권을 되찾는 데 있어 비폭력이 중요하다고 믿었던 마하트마 간디의 신념과 결정은 예상치 못한 일련의 사건들을 불러일으켰다.
그는 완전한 확신이 더해져 즉시 영향을 미치는 결단의 힘을 깨달았다. 그 힘의 비밀은 대중의 참여를 이끌어냈고, 너무 강력해서 누구도 번복할 수가 없었다.
많은 사람들이 그의 꿈을 불가능하다고 생각했지만, 간디의 신념은 그것을 부정할 수 없는 현실로 만들어냈다.
만일 그와 같은 결정, 신념, 멈출 수 없는 실행력을 끌어올린다면 당신은 무엇을 성취할 수 있을까?

★
004

더 나은 삶, 부를 향한 결정

우리는 자신이 꿈꿔온 모든 것, 아니 그 이상을 이룰 수 있는 능력을 타고났다. 그 빗장을 푸는 열쇠는 바로 한 번의 결심이다. 일단 빗장이 풀리면 우리에게 기쁨과 슬픔, 부귀와 빈곤, 우정과 고독, 장수 혹은 때 이른 죽음이 찾아오는 것을 막지 못한다. 결국 결정은 스스로의 몫이다.

자신의 삶을 바꾸고 더 나은 삶, 부로 이끄는 결정 한 가지를 바로 오늘 내리자. 그리고 지금껏 미뤄온 일을 바로 실행해보자. 새로운 기술을 익히고, 사람들을 존경과 열정으로 대하고, 연락한 지 오래된 친구에게 전화를 걸어보자.

모든 결정에는 그에 따른 결과가 따라온다. 만약 아무것도 결정하지 않는다면 이 역시 그 자체로 하나의 결정이다. 지난 날 스스로 어떤 결정을 내렸고, 어떤 결정을 하지 못했는지 돌아보자. 그리고 그 결정 중 오늘 내 삶에 가장 큰 영향을 미친 것이 무엇인지 생각해보자.

005

내게 필요한 가치 기준

1955년, 로사 파크스Rosa Parks는 피부색을 이유로 차별을 가하는 부당한 법에 맞서기로 결심한다. 그녀는 백인 승객에게 자리를 양보하라는 버스 운전기사의 지시를 거부했다. 그리고 이는 그녀가 예상했던 것 이상의 파장을 일으켰다. 그녀에게 사회구조를 바꾸고자 하는 의지가 있었는지는 알 수 없다. 하지만 의도가 무엇이든지 보다 나은 가치를 향한 열망이 그녀의 행동을 이끌어냈다.

평생 고수하던 가치 기준을 높이고 오늘부터 새로운 가치를 추구하겠다고 결심한다면 어떤 결과가 드넓게 펼쳐질지 모른다. 내게 필요한 새로운 가치 기준이 무엇인지 생각해보자.

★
006

인생의 일에 어떻게 반응할 것인가

자신의 한계를 뛰어넘어 인간 정신의 무한한 힘을 입증한 사람들 이야기를 들어본 적이 있을 것이다.
누구나 자신의 삶을 다른 이들에게 영감을 주는 원천으로 일궈낼 수 있다. 인생에서 어떤 일을 만나든 감당하고 이겨낼 수 있다는 자각과 용기를 가진다면 말이다.
어떤 일이 일어날지는 통제할 수 없지만, 어떤 일에 대한 반응과 행동은 스스로 조절할 수 있다. 인간관계, 건강, 사회생활에서 마음에 들지 않는 일이 있다면, 그것을 어떻게 바꿀지 지금 결정해 보자.

★
007

미뤄둔 결정 해결하기

결정도 많이 해본 사람이 잘하는 법이다. 우리 몸의 근육이 자주 쓸수록 단단해지는 것처럼 결정 근육 역시 많이 쓸수록 더 단단해진다. 오늘 하루를 마무리하면서 지금까지 미뤄왔던 결정 2가지를 해보자. 하나는 쉬운 결정이고, 하나는 좀 더 원대한 결정으로 고르자. 그런 다음 이 2가지를 성취하기 위한 첫 번째 행동을 개시해보자. 내일은 그다음 단계를 실행하면 된다. 이렇게 함으로써 삶 전체를 변화시킬 수 있는 근육을 키울 수 있다.

★
008

실수에서 무엇을 취할 것인가

실수에 대해 고민하기보다 그것을 통해 배우고자 노력해야 한다. 살면서 앞으로도 같은 실수를 되풀이할 수밖에 없다. 지금 잠시 좌절에 빠졌다면 인생의 길에서 결과만 있을 뿐 실패는 없다는 것을 잊지 말자. 그리고 이 격언을 기억하자.

"성공은 올바른 판단의 결과이고, 올바른 판단은 경험의 결과이며, 경험은 때로는 잘못된 판단의 결과다."

지난날의 실수에서 무엇을 배웠는가? 그중 내 인생을 도약시키는 데 활용할 수 있는 것이 무엇인지 돌아보자.

지금 할 수 있는 사소한 일

성공과 실패는 보통 한 가지 사건으로 정해진 결과가 아니다. 실패는 전화 걸기, 조금 더 신경 쓰기, 사랑한다고 말하기 등 작은 행동을 소홀히 한 결과다. 실패가 하지 않은 일의 결과이듯, 성공은 먼저 고백하기, 끈질기게 밀고 나가기, 끝없는 애정 고백, 절절한 사랑 표현을 하는 등 주도권을 잡고 지속적으로 따라가는 것에서 비롯된다.

삶을 풍요롭게 만들기 위해, 성공과 부를 향해 나아가는 새로운 추진력을 얻기 위해 오늘 바로 할 수 있는 사소한 행동은 무엇일까?

★
010

내 결정에 대한 믿음 갖기

부를 얻고 성공하는 사람들은 결정을 빠르게 내리고, 자신이 심사숙고하여 내린 결정을 좀처럼 뒤집지 않는다고 한다. 많은 연구결과가 이를 보여준다. 반대로 실패하는 사람들은 결정하는 데 시간이 오래 걸리고, 걸핏하면 마음을 바꾸고는 한다. 자신의 결정을 믿고 끝까지 지켜야 한다.

★
011

인생을 좌우할 결정

그는 인생의 거의 절반을 철제 호흡 보조기에, 나머지 절반은 휠체어에 의지한 채 보냈다. 수많은 개인적인 시련을 겪은 그는 다른 이의 삶을 더 나은 방향으로 바꿀 수 있는 입장은 아니었다. 어쩌면 반대로 도움이 필요했을지 모른다. 하지만 에드 로버츠Ed Roberts는 인생에서 심혈을 기울여 내린 결정이 어떤 힘을 가지는지 보여준다. 사지마비 환자로는 최초로 UC버클리 대학교를 졸업하고, 캘리포니아 주립 재활 부처의 책임자로 재직하였다. 장애인들의 지지자로서 모든 사람들이 접근권을 보장받을 수 있도록 영향력을 행사하였고, 법안들을 시행할 수 있도록 여러 가지 쇄신안을 발의했다.

핑계는 필요하지 않다. 바로 지금, 나의 건강, 사회생활, 인간관계, 나아가 삶 전체를 변화시킬 수 있는 3가지 결정을 내려보자. 그리고 그 결정에 따라 행동해보자.

★
012

무엇을 원하는지 명확히 알기

눈에 보이지 않고 손에 잡히지 않는 것을 어떻게 현실로 만들 수 있을까? 첫걸음은 자신이 꿈꾸는 것을 분명히 정의하는 것이다. 보다 많은 것을 성취하기 위해선 먼저 무엇을 원하는지 명확하게 알아야 한다. 유일한 한계는 당신이 원하는 것을 정확하게 정의할 수 있는 데까지만 성취할 수 있다는 것이다.

꿈과 목표를 구체화하면 그다음 며칠 동안은 그 꿈을 확실히 이룰 수 있는 계획을 수립해보자.

★
013

나를 흥분시키는 일 찾기

인식하고 있든 그렇지 않든, 누구나 목표를 가지고 있다. 목표는 내용이 무엇이든지 간에 삶에 큰 영향을 미친다. 하지만 "나는 계속 날아드는 청구서를 지불해야 한다" 같은 목표는 전혀 영감을 불러일으키지 않는다.

진정한 능력을 발휘하려면 자신의 열정과 창의성에 불을 붙일 만큼 흥미진진한 목표를 세우는 것이다. 의식적으로 목표를 선택해보자.

스스로 한번 해볼 만한 가치가 있다고 생각하는 모든 것을 떠올려보고 가장 흥분되는, 그야말로 꼭두새벽에 일어나서 한밤중까지 매달리게 만드는 목표를 골라라. 마감시한을 정하고 왜 그때까지는 꼭 마쳐야 하는지 적어두자. 목표는 스스로를 북돋아주는 것이어야 한다. 그래야 한계를 넘고 잠재된 능력을 이끌어낼 수 있다.

★
014

무엇이 중요한지 입력해두기

새 옷이나 자동차를 샀는데 이 사람 저 사람 같은 것을 지니고 있는 것을 본 적이 있을 것이다. 갑자기 똑같은 것이 생긴 건 아니다. 사실은 처음부터 주위에 많이 있었지만 알아차리지 못했을 뿐이다. 왜 그 정도까지 몰랐을까? 인간의 뇌에는 생존에 필수적인 것을 제외한 모든 정보를 차단하는 일을 담당하는 부분이 있다. 이는 내가 꿈을 이룰 수 있도록 돕는 많은 것들을 인식하지 못하게 만들 수도 있다. 자기 스스로 목표를 분명히 하지 않으면, 즉 무엇이 중요한지 뇌에 입력해두지 않으면 우리의 뇌는 꿈을 실현하는 데 도움도 안 되고, 이용할 수도 없다.

하지만 일단 목표를 정하면 두뇌의 망상활성계Reticular Activating System가 작동하여 목표 달성에 도움이 되는 정보와 기회들을 마치 자석처럼 순식간에 끌어들인다. 이 강력한 신경계 스위치를 켬으로써 삶은 말 그대로 완전히 변화될 수 있다.

★
015

목표 설정에서 절대 놓치지 말 것들

- 목표 설정 지침(RAS 프로그래밍) -

◆ 앞으로 4일간 매일 10분씩 목표를 세우는 데 집중해보자.
(제대로 지키고 있는지 매일 시간을 기록해두자.)

◆ 목표 설정 훈련을 할 때마다 스스로에게 질문을 던지자.
"무엇을 원하든 가질 수 있다면 나는 인생에서 무엇을 원할 것인가? 무엇을 하든 실패하지 않는다면 나는 무엇을 하려고 시도할 것인가?"

◆ 신나게 즐겨라! 어린 시절로 돌아갔다고 상상해보자. 지금은 크리스마스이브이고, 백화점에서 산타클로스의 무릎에 앉으려는 순간이다. 기대와 흥분으로 들뜬 상황에서는 어떤 부탁도, 어떤 비용도 감수할 수 있다.
모든 것이 가능하다.

★
016

무엇이 되고 싶은가

- 1일 차 개인 성장 목표 -

행복한 일상과 풍요로움은 인생에서 얻는 다른 모든 성취의 바탕이 된다.

- 5분 동안 모든 가능성을 고려해보자. 무엇을 배우고 싶은가? 어떤 기술을 익히고 싶은가? 어떤 특성을 개발하기 원하는가? 나는 어떤 사람이 되고, 누구의 친구가 될까?
- 각 목표마다 6개월, 1년, 5년, 10년, 20년, 완료 일정을 지정한다.
- 연간 목표 중 가장 중요한 것에 중요 표시를 해두자.
- 왜 이 목표를 1년 내에 달성하려고 하는지 2분 동안 간단하게 이유를 써보자.

★
017

돈을 많이 벌고 싶은가

- 2일 차 경력·비즈니스·경제적 목표 -

자기 분야에서 최고가 되어 돈을 많이 벌고 싶은지, 많은 지식을 가진 학자가 되기를 바라는지 스스로 생각해봐야 한다.

- 5분 동안 모든 가능성을 떠올려보자. 돈을 얼마나 모으고 싶은가? 사회생활에서 무엇을 이루고 싶은가? 연봉은 어느 정도 원하는가? 재정적으로 어떤 결정을 내려야 하는가?
- 각 목표마다 6개월, 1년, 5년, 10년, 20년, 완료 일정을 지정한다.
- 연간 목표 중 가장 중요한 것에 중요 표시를 해두자.
- 왜 이 목표를 1년 내에 달성하려고 하는지 2분 동안 간단하게 이유를 써보자.

★
018

부를 거머쥐면 어떻게 쓰고 싶은가

- 3일 차 모험적 목표 -

돈을 마음껏 쓸 수 있는 상황이라고 가정해보자. 가지고 싶은 물건, 꼭 해보고 싶은 일은 무엇인가? 램프의 요정 지니가 내 앞에서 명령을 기다리고 있다면 무엇을 요청할 것인가?

◆ 5분 동안 모든 가능성을 떠올려보자. 무엇을 사고 싶은가? 어떤 행사에 참여해보고 싶은가? 어떤 모험을 떠나고 싶은가?
◆ 각 목표마다 6개월, 1년, 5년, 10년, 20년, 완료 일정을 지정한다.
◆ 연간 목표 중 가장 중요한 것에 중요 표시를 해두자.
◆ 왜 이 목표를 1년 내에 달성하려고 하는지 2분 동안 간단하게 이유를 써보자.

★
019

무엇을 나누고 싶은가

- 4일 차 공헌 목표 -

이번에는 다른 이들의 삶을 변화시키는 데 기여함으로써 자신의 발자취를 남기고, 삶의 가치 있는 유산을 만들 수 있는 기회다.

- 5분 동안 모든 가능성을 떠올려보자. 어떤 식으로 도움을 줄 수 있는가? 누구를, 무엇을 도울 수 있는가? 무엇을 이뤄내고 싶은가?
- 각 목표마다 6개월, 1년, 5년, 10년, 20년, 완료 일정을 지정한다.
- 연간 목표 중 가장 중요한 것에 중요 표시를 해두자.
- 왜 이 목표를 1년 내에 달성하려고 하는지 2분 동안 간단하게 이유를 써보자.

★
020

아주 소소한 일부터 시작하라

목표를 달성하는 데 필요한 긍정적인 행동 방식을 한 개라도 얻기 전까지는 중도포기하지 말라. 지금 바로, 목표 달성을 위해 내딛어야 할 첫걸음이 무엇인지 정의해보자. 목표를 향해 나아가기 위해 오늘 할 수 있는 일은 무엇인가? 전화 한 통, 약속 하나, 초기 단계 기획 구상 같은 아주 작은 일도 한 걸음 떼는 것만으로도 목표에 다가갈 수 있다.

앞으로 10일간 매일 할 수 있는 간단한 일들의 목록을 적어보자. 일련의 습관을 기르고 멈추지 않는 추진력을 만들어줄 이 10일은 미래의 부와 성공을 보장해줄 것이다. 지금 바로 시작해보자.

★
021

1년 후 내 모습 상상해보기

상상해보자. 지금부터 1년 후, 모든 목표를 달성한다면 어떤 느낌일까? 스스로에 대해, 자신의 삶에 대해 어떤 기분이 들까? 이런 질문에 답하다 보면 왜 목표를 이뤄야 하는지 필연적인 이유를 찾을 수 있다. 강력한 이유가 충분하다면 성취를 위해 필요한 방법도 찾을 수 있다.
1년간 달성할 목표 4가지를 떠올려보자. 각각의 목표들 아래에 왜 이 목표를 1년 내에 달성하려고 그렇게 열성적인지 그 이유를 한 단락으로 적어보자.

★
022

목표는 눈에 보이게 두자

목표 달성의 비결은 마음가짐의 조절에 달렸다. 적어도 하루 두 번은 목표에 대해 생각하라. 목표를 수첩에 적어두거나 책상 위, 지갑, 욕실 거울 등 매일 볼 수 있는 곳에 붙여두자.

지속적으로 생각하고 집중하는 것이 무엇이든 당신은 앞으로 나아가고 있다. 목표에 가까워지고 있음을 기억하자. 이는 성공을 위해 자신의 망상활성계를 작동시키는 단순하지만 효과적인 방법이다.

★
023

끈기는 힘이 세다

목표 달성을 위해 처음으로 시도한 일이 헛수고처럼 느껴질 수도 있다. 그렇다고 포기하고 다른 일을 할 것인가? 절대 그럴 수 없다. 이럴 땐 끈기가 필요하다. 끈기는 재능을 뛰어넘는 힘을 가지고 있다. 삶의 질을 결정하는 가장 힘이 센 정신적 자원은 바로 끈기다. 성취에 대한 관심만으로 목표를 달성한 사람은 아무도 없다. 몰두하고 최선을 다해야 한다.

지금 실패하더라도 미래에 더 큰 성공을 이루는 데 필요한 통찰력과 탁월함을 가져다줄 수도 있다.

과거의 '실패로 끝난 도전'에서 무엇을 배웠는가? 이렇게 얻은 통찰력을 인생에 어떻게 활용할 수 있을까?

★
024

부와 성공으로 가는 길

의식적으로든 무의식적으로든 성공하는 모든 사람들은 같은 공식을 사용한다. 무엇을 원하든 당신이 꿈꾸는 것을 이루기 위해 다음 4단계를 활용하라.

궁극의 성공 공식

1. 원하는 것을 분명히 정하기 – 정확하게 말하기! 명확함이 힘이다.
2. 실행하기 – 원하는 것만으로는 안 된다.
3. 잘되고 있는지 검토하기 – 잘못된 것에 계속 에너지를 쏟을 필요는 없다.
4. 원하는 것을 이룰 때까지 접근 방법을 바꾸기 – 유연성과 융통성은 새로운 접근법과 결과를 만들어낼 힘을 준다.

★
025

나의 긍정적 영향력을 믿어라

목표를 추구하는 과정에서 종종 의도치 않은 엄청난 결과가 나타나기도 한다. 꿀벌이 꽃을 어떻게 번식시킬지 고민할까? 전혀 아니다. 그저 꿀을 찾는 과정에서 자기도 모르게 다리에 꽃가루를 묻히고 다른 꽃으로 날아들어 경이로운 연쇄 반응을 불러일으키는 것이다. 형형색색의 화려한 꽃들로 넘쳐나는 산비탈은 그 결과물이다.

이와 마찬가지로 가치 있는 목표를 추구하다 보면 뜻밖의 혜택을 얻을 수도 있다. 한 달에 한 번 옛 친구에게 전화하기로 한 것은 대수롭지 않은 결정이지만 이것이 기대조차 하지 않던 여러 가지 혜택을 가져다줄 수도 있다. 오늘 당신의 노력이 다른 이들에게 얼마나 다양한 방식으로 혜택을 주는지 아는가?

★
026

내 모습이 어떻게 변화할까

목표의 진정한 의미는 목표를 추구하는 동안 그 목표가 인간으로서의 자기 존재를 만들어간다는 데 있다. 한 개인으로서 자신이 갖게 될 모습과 특성이 궁극적인 보상이다. 목표를 모두 이루기 위해 필요한 성격적 특성, 기술, 능력, 태도, 신념을 설명하는 글을 간단하게 적어보자.

★
027

방향을 잃지 않기

기쁨과 행복을 미루지 말자. 사람들과 목표에 대해서 대화를 나눠 보면 뭔가 대단한 목표를 이룬 후에야 삶을 즐길 수 있을 거라고 생각하는 경우가 많다. 행복해지기 위해 일하는 것과 행복하게 일하는 것은 큰 차이가 있다. 느낄 수 있는 기쁨을 최대한 누리면서 하루하루 최선을 다해 살아가자.

한 가지 목표에 얼마나 다가갔는지를 가지고 삶의 가치를 판단하지 말고 일시적인 결과보다 자신이 향하고 있는 방향이 더욱 중요함을 꼭 기억하자. 지금 어느 방향으로 가고 있는가? 목표를 향하고 있는지, 목표에서 멀어져 전혀 다른 방향인지 확인해보자. 지금 스스로에게 질문을 던져보자. “경로 수정은 필요 없는가? 삶을 최대한 즐기고 있는가?” 그 대답이 “아니다”라면 더 늦기 전에 바로잡자.

★
028

가슴 뛰는 미래를 디자인하자

"이거였어? 이게 다야?"라는 말이 튀어나오는 순간이 있다. 달 착륙을 위한 훈련과 준비에 거의 평생 동안 매달려온 아폴로호 우주비행사들은 그 영광스러운 역사적 순간에 말로 표현 못할 희열과 성취감을 느꼈지만 지구로 돌아온 후 몇몇은 극도의 우울감에 빠졌다. 더 이상 해야 할 일도, 기대할 것도 남아있지 않았기 때문이다.

달 착륙보다 더 큰 목표는 우주 탐사에 성공하는 것이었을까? 아마도 극복할 수 있는 방법은 또 다른 미지의 세계, 마음과 마음이라는 우주를 탐험하는 것에서 찾을 수 있을 것이다.

우리 모두는 지속적으로 감정적, 영적인 성장이 필요하다. 그것은 우리 영혼을 풍요롭게 하는 음식이다. 우리의 영혼은 이런 느낌을 바탕으로 자라난다. 목표 달성이 눈앞에 있다면 반드시 가슴 뛰는 새로운 미래를 디자인해야 한다.

★
029

작은 친절 베풀기

인간의 궁극적인 목표는 무엇일까? 아마 가치 있는 무언가를 나누는 일일 것이다. 남을 돕는 방법을 찾는 과정은 일상에 깊은 영감을 준다. 세상에는 언제나 자신의 시간과 돈, 에너지, 창의성, 정성을 기꺼이 내어주려는 사람들의 자리가 있다.

오늘 당장 다른 이에게 베풀 수 있는 작은 친절은 어떤 것이 있을까? 지금 결정하고 실행해보자. 친절을 베풀면서 느끼는 기분을 만끽해보자.

★
030

10년 후 나는 무엇을 하고 있을까

존경받는 미국의 코미디언 조지 번스George Burns는 설레고 기다려지는 무언가를 만드는 것이 얼마나 중요한지 알고 있었다. 그는 자신의 인생철학을 설명하면서 이렇게 말했다.

"아침 일찍 벌떡 일어나게 만드는 무언가가 있어야 합니다. 침대에서는 어쨌든 아무 일도 할 수 없으니까요. 가장 중요한 것은 명확한 방향이 있어야 한다는 것이죠." 그는 90세가 넘어서까지 재치 있는 말솜씨로 사랑받았고 TV와 영화에 출연했으며, 104세가 되는 2000년 런던 팔라디움 극장 공연을 계획하기도 하였다.

다가올 미래를 만들어내는 것은 얼마나 멋진 일인가? 대부분의 사람들은 1년이라고 기간을 한정했을 때는 실제로 가능한 것보다 더 많은 일을 할 수 있다고 생각한다. 그러면서 정작 10년 동안에는 할 수 있는 게 별로 없다고 말한다. 과연 그럴까? 지금부터 10년 동안 무엇을 할 것인지 한 번 생각해보자.

★
031

무엇도 꺾을 수 없는 의지

한때는 단순한 목표였지만 지금은 그것을 즐기고 경험하고 있는 것이 무엇인지 생각해보자. 목표를 추구하는 과정에서 많은 장애물들이 있었겠지만 지금은 삶의 일부가 된 것은 무엇인가? 꿈을 좇다가 벽에 부딪칠 때마다 그것을 기억하라. 어려움은 이전에도 있었고, 이를 모두 극복해왔음을 말이다.

인간의 정신력은 절대 정복당하지 않는다. 더 성공하려는 의지, 자신의 삶을 형성하려는 의지, 통제하려는 의지 등 이기려는 의지는 스스로 무엇을 원하는지 분명히 알고 있고, 어떤 장애물도 방해가 되지 않는다고 믿을 때 발현된다. 장애물은 그저 가치 있는 목표를 달성하려는 우리의 결심을 단련시키는 호출일 뿐이다.

Section 2.

간절히 원하는 것을 얻는 법

고통, 즐거움, 그리고 마음 상태

★

세계사에서 위대하고 당당한 모든 순간은
열정이 쟁취한 것이다.

랄프 왈도 에머슨 Ralph Waldo Emerson

★
032

고통을 내 편으로 만들기

원하는 것을 얻으려면 먼저 방해되는 것들을 찾아내야 한다. 귀찮아서 질질 끌다가 결국 마지못해 하는 일들이 있다. 세금 납부 같은 일 말이다. 그런데 귀찮아서 하지 않다가 나중에 급하게 하려면 더 힘들지 않던가?

막연히 이건 힘들고 저건 아닐 거라고 생각해버리는 잘못된 믿음을 바꾸면 꾸물거리는 습관도 점차 사라질 것이다. 오히려 미루고 실행하지 않는 것이 더 힘들고 괴롭다는 사실을 인지하고 삶에 적용시켜보자.

첫걸음은 '이 힘든 일 좀 안 할 수 없을까?' 대신 '만약 지금 하지 않으면 나중에 더 힘들겠지?'라고 생각하는 것이다. 효과적으로 사용한다면 고통도 내 편이 될 수 있다.

★
033

성장할 유쾌한 기회 잡기

인간은 파블로프의 개처럼 상벌에만 반응하는 동물이 아니다. 인간은 스스로 자신에게 고통과 즐거움을 주는 것을 정할 수 있는 경이로운 능력을 가졌다. 예를 들어 단식 투쟁을 하는 사람은 불가피하게 육체적 고통을 겪겠지만 세상 사람들에게 소중한 가치와 대의를 공감하게 만든다는 긍정적인 효과를 얻음으로써 그 경험을 도덕적 희열로 바꿀 수 있다.

우리는 누구나 이렇게 선택할 힘을 가지고 있다. 성공의 비결은 고통과 즐거움을 자신에게 유리하게 사용하는 방법을 배우는 것이다. 혹시 당신의 삶에서 불필요한 고통이라고 생각하는 부분이 있는가? 힘들어 보이는 일들을 어떻게 하면 초점을 바꾸어 좀 더 배우고 성장하고 남을 돕는 즐거운 기회로 전환시킬 수 있을까?

★
034

즐거움을 찾는 방식 전환하기

어떤 행동을 고통 혹은 즐거움의 감정과 연관시키는가에 따라 운명이 바뀔 수 있다. 우리는 고통에서 벗어나 즐거움을 느끼기 위해 취하는 자신만의 독특한 행동양식, 혹은 습관을 가지고 있다. 술을 마시거나 담배를 피우거나, 폭식을 하거나 험담하는 사람도 있을 것이고 운동, 대화, 학습, 봉사하는 사람도 있다.

당신은 어떤 식으로 고통을 피하고 즐거움을 느끼는가? 그 행동이 지금까지 삶에 어떤 영향을 주었는가? 괴롭고 우울할 때 TV를 보는 사람도 있고 그냥 잠을 청하는 사람도 있다. 고통에서 벗어나 즐거움으로 나아갈 수 있는 보다 긍정적인 방법은 무엇인지 생각해보자.

★
035

지킬 것인가 투자할 것인가

대부분의 사람들은 성취에 대한 욕구보다 상실에 대한 두려움을 더 크게 느낀다. 꿈을 위해 기꺼이 위험을 감수하기보다 가지고 있는 것을 지키려는 사람들이 더 많은 것도 이 때문이다.
그렇다면 이런 것은 어떤가? 지난 5년 동안 모은 1억 원을 지키는 것과 앞으로 5년간 1억 원을 벌 기회에 도전하는 것 중 어느 쪽에 더 끌리는가?

★
036

궁극적 즐거움을 추구하자

훌륭한 사람들을 볼 때 흔히 그들이 운이 좋고 특별한 재능을 가졌을 것이라 생각한다. 하지만 대개 그들은 할 수 있는 일을 하지 못하고, 가진 것을 나누지 못하는 것을 더 고통스러워한다. 그렇기에 자신이 가진 재능을 더 효과적으로 사용했다.

마더 테레사 수녀가 헌신적인 삶을 산 것은 타인의 고통과 자신의 고통이 결코 무관하지 않다는 신념이 있었기 때문이다. 이런 신념은 그녀로 하여금 전 세계의 어려운 이들을 돕게 만들었다. 마더 테레사는 그들의 고통을 덜어주는 것에서 궁극의 기쁨을 느꼈다.

자신을 가장 고통스럽게 만드는 일은 무엇인가? 또한 가장 기쁘게 만드는 일은 무엇인가? 이 2가지가 오늘의 삶을 어떻게 만들어가고 있는가?

★
037

돈에 대한 이율배반적인 생각 버리기

보통 자기 파괴self-sabotage• 뒤에는 복합적인 감정이 숨어 있다. 이 감정은 삶에서 누릴 수 있는 성공과 즐거움을 제한해버린다. 예를 들어 사람들은 돈을 많이 벌고 싶다고 말한다. 실제로 그에게는 그럴 만한 지성과 독창성이 있다. 하지만 복합적인 감정은 그들의 발목을 잡아챈다. 부자가 되면 더 여유롭고 자유로워질 거라고 믿으면서, 한편으로는 돈의 가치를 낭비, 경박함, 탐욕과 연관지어 생각한다.

자신을 한 번 돌아보자. 두 걸음 앞으로 나갔다가 다시 한 걸음 뒤로 물러서는 자신을 발견했다면, 부자가 되고 싶다고 생각하면서도 지금 갈팡질팡하고 있다면 분명 복합적인 감정 때문이다. 목표 달성을 생각하면서 기쁨과 성취감을 떠올리면서도 그에 따르는 수고와 고통을 두려워하고 있다는 뜻이다. 발목을 붙잡는 복합적인 감정이 내 삶에 영향을 미치고 있지 않은지 살펴보자.

• 어떤 일을 함에 있어서 의식적·무의식적으로 성공, 성취와는 반대되는 생각을 하는 현상을 말한다.

★
038

감정의 불균형 자각하기

경제적인 문제, 인간관계처럼 인생에서 내 뜻대로 개선되지 않는 것들이 있다. 그중 하나를 적어보자. 한 가운데에 세로선을 긋고, 왼쪽에는 그것에 대해 느끼는 부정적인 감정을, 오른쪽에는 긍정적인 감정을 적어보자. 부정적인 감정이 더 많은가? 긍정적인 감정 전체를 무색하게 만들 정도로 부정적인 감정이 강하지는 않은가? 감정의 불균형이 지금까지 우리가 살아오면서 스스로 만든 결과를 반영하고 있는가?
의식의 불을 밝히고 자세히 살펴보면 자신을 붙잡고 있는 부정적인 감정에서 벗어날 수 있다. 모든 과정의 첫 단추는 자각awareness이다.

★
039

고통을 지렛대로 삼기

혹시 무엇을 하더라도 고통뿐일 거라고 느껴본 적이 있는가? 예를 들어 사람들 안에 있을 때도 초라함을 느끼지만 그들이 떠나버려도 더 외롭다거나 초라하게 느껴지는 것 같은 감정 말이다. 결과적으로 그들은 아무것도 하지 않았다. 단지 스스로 비참함을 느낄 뿐이다!

이런 마음의 덫에 빠지지 않으려면 어떻게 해야 할까? 고통을 최고의 파트너로 활용해보자. 과거, 현재를 통틀어 경험해온 것들을 생각해보고 고통이 마침내 우리에게 무엇인가 할 수 있게 해준다는 감정적인 강렬함을 느껴보자. 이것을 한계 감정에 도달했다고 부른다.

이 고통을 지렛대 삼아 스스로 움직여보자. 피할 수 없는 감정이라고 수동적으로 기다리지 말고 의식적, 능동적으로 더 나은 삶을 만드는 자극제로 활용해보자.

★
040

본능과 싸우지 말라

의지력만으로는 할 수 없는 일이 많다. 설사 한다 해도 오래 유지할 수 없다. 스스로 의지력으로 밀어붙이다가 감정적 한계에 부딪힌 경험은 없는가? 어쩌면 다이어트를 하면서 그런 감정을 느꼈을지도 모른다. 의지력으로 다이어트를 밀어붙이며 식욕을 억제해본 적이 있다면 잘 알 것이다.

어떤 일이든 의지력만으로 밀어붙이는 데는 한계가 있다. 우리의 뇌는 다른 대안이 있을 경우에는 고통을 참도록 내버려두지 않는다. 식욕을 억제하는 것은 얼마나 고통스러운 일인가. 음식을 먹는 대안이 존재하는 한 그럴 수밖에 없다.

그렇다면 어떻게 해야 할까? 본능과 싸우지 말고 연상체계를 단순하게 바꿔라. 즉 과식해서 후회했던 경험을 부정적인 것으로, 운동은 즐거운 것으로 만들어보자. 고통을 이 같은 패턴으로 조절할 수 있을 때까지 음식으로 인해 연상되는 연상 관념을 바꾸는 것이다. 그런 훈련이 된다면 제대로 다이어트를 할 수 있을 것이다.

★
041

모두가 즐거운 성공

나는 성공이란 자기 인생에서 즐거움을 최대로 느끼고, 괴로움을 최소한으로 느끼는 것, 그리고 주위 사람들에게도 즐거움은 더 많이, 괴로움은 최소한으로 느끼도록 만드는 삶을 사는 것이라고 정의한다. 이를 위해서는 더 성장해야 하고, 더 많이 나눠야 한다.

이러한 기준에서 봤을 때 얼마나 성공적인 삶을 살고 있는가? 스스로 더욱 즐겁게 살기 위해, 주위 사람들에게도 더 많은 즐거움을 주기 위해 오늘 할 수 있는 일은 무엇인가?

★
042

피하고 싶던 일 끄집어내기

미루는 것은 고통을 피하는 가장 흔한 방법 중 하나다. 하지만 실행을 늦추면 나중에 더 힘들어질 뿐이다. 지금껏 미뤄온 일 가운데 서둘러 끝내야 할 4가지를 찾아 목록을 만들고 다음 질문에 대답해보자.

- 왜 아직까지 이 일을 시작하지 않았는가? 혹시 이 일과 관련된 안 좋은 기억이 있는가?
- 미뤄둔 동안 어떤 기분을 느꼈는가?
- 지금 내가 실행하지 않는다면 어떤 희생을 치르게 될 것인가?
- 미뤄둔 일들을 지금 당장 시작한다면 어떤 즐거움을 얻을 수 있을까?

★
043

최고의 상태로 끌어올리기

아무 생각 없이 무언가를 했다가 나중에서야 '어쩌지! 이런 바보 같으니라고' 하면서 후회한 적이 있는가? 반대로 똑같이 했는데 너무도 만족스러워서 '놀라운데! 내가 어떻게 이걸 해냈지?'라고 생각한 적이 있는가?

무엇이 그 차이를 정하는 것일까? 단지 능력 때문인 경우는 매우 드물다. 우리가 생각하고 느끼고 행동하고 어떤 일을 수행하는 방식은 특정 상황에서의 몸과 마음의 상태에 따라 정해진다. 마음을 최상의 상태로 끌어올리는 비결을 알고 있다면 어떤 일이라도 해낼 수 있는 놀라운 일이 일어난다. 마음이 안정된 상태에서는 능력도 자연스럽게 발휘된다. 매일매일을 최고의 상태에서 살아간다면 어떤 일을 성취하고 이룰 수 있을지 생각해보자.

★
044

스스로 행복 찾기

우리는 지금까지 언젠가 모든 일이 잘 풀리면 마침내 행복해질 거라고 믿어왔다. 마치 상품권을 팔아온 듯하다. 이상적인 배우자를 만나고, 돈을 많이 벌고, 건강해지고, 아이를 갖고, 은퇴하면 행복해질 수 있다고 말이다.

하지만 행복은 무엇을 얻느냐가 아니라 생각을 바꾸는 데에서 비롯된다. 이상적인 관계, 돈, 사회적 지위 등을 원하는 까닭은 그것을 얻었을 때 더 행복해질 거라고 믿기 때문이 아닌가? 하지만 원하는 대로 부자가 된다면 그다음에는 무엇이 그 자리를 대신할까? 스스로 행복을 찾아야 한다. 기다리지 말고 지금 시작해 보자.

★
045

인생 최고의 순간 떠올리기

기분 좋아지는 자기만의 방법이 있는가? 지금 완전한 행복감과 흥분을 느끼고 싶을 때 곧바로 그럴 수 있을까? 물론 가능하다. 초점만 바꾸면 된다. 인생 최고의 순간이라고 생각하는 그때를 생생하게 떠올려보자. 주위의 소리에 귀를 기울이고 심장이 뛰는 느낌을 즐겨보자. 그때 그 순간처럼 숨을 쉬고 같은 표정을 짓고 똑같이 움직여보자. 그 흥분과 설레임이 조금이라도 느껴지는가? 원할 때면 언제든 이런 기분을 다시 느껴보는 것, 가능하지 않을까?

★
046

마음의 초점 옮겨보기

무언가를 인식하고 경험하는 방법은 무수히 많다. 우리는 원하는 대로 매 순간 어떤 기분이든 느낄 수 있다. 방법은 주파수를 잘 맞추는 것이다. 어떻게 하면 주파수를 맞출 수 있는가?

감정을 원하는 방향으로 바꾸는 비결은 2가지다. 하나는 마음의 초점을 옮기는 것이다. 인생에서 가장 소중한 기억 가운데 하나를 떠올려보자. 지금 어떤 느낌이 드는가? 그 밖에 또 무엇을 생각하면 기분이 좋아지는가?

감정 상태를 즉시 바꾸는 두 번째 방법은 다음 내용에서 알 수 있다.

★
047

표정과 자세 바꾸기

마음의 초점을 바꾸는 것 외에 감정 상태를 바꿀 수 있는 더 빠르고 강력한 방법은 신체나 생리학적 방법을 사용하는 것이다. 예를 들어 사람들이 기분이 안 좋을 때 그들은 술을 마시거나 담배를 피우고, 잠을 자고, 마약을 사용한다. 또는 춤, 노래, 운동, 사랑을 나누는 등의 긍정적인 행동도 취한다.

우리가 느끼는 모든 감정은 생리학적 특징을 가지고 있다. 예를 들어 실의에 빠진 사람들을 유심히 살펴보면 대부분 어깨를 늘어뜨린 채 고개를 떨구고 있고, 호흡이 얕으며 맥 빠진 표정을 하고 있다. 반대로 기분 좋은 상태에서는 어깨가 위로 올라가고 고개도 위로 들리며, 숨도 힘 있다.

우리는 의식적으로 몸의 변화를 제어할 수 있고, 이를 통해 자신이 원하는 감정 상태를 이끌어낼 수 있다. 우선 지금 몸을 한 번 쭉 펴보자.

★
048

좋은 기분을 만드는 습관 개발하기

아주 사소한 방식이 큰 차이를 만들어내기도 한다. 만약 기발한 방법으로 즐겁고 유익한 습관을 만들고 싶다면 한 가지 연습을 해보자. 앞으로 일주일간 하루 5번 1분씩 거울 앞에 가만히 서서 그냥 입을 크게 벌리고 웃어보자. 처음에는 좀 어색하고 바보 같아 보일지 모르지만 반복하다 보면 신경계가 자극을 받아 행복, 자연스러움, 유머, 우스꽝스러움 같은 느낌을 생성해낸다.
중요한 것은 우리가 행복을 느끼도록 스스로 조절할 수 있다는 것이다. 신체를 이용해 행복을 만드는 몸의 습관을 체득할 수 있다. 잠시 시간을 내서 지금 해보자. 그리고 즐겨라.

★
049

어린아이처럼 살아보기

나이는 몇 살인가라는 물리적 숫자보다 신체의 생리적 특성에 초점을 맞춰야 한다. 주위를 보면 나이는 많아도 뛰어다닐 만큼 건강하고 유연한 사고를 가진 사람들이 많다. 비오는 날 물웅덩이를 건널 때를 생각해보자. 노인들은 옆으로 피해가는 것도 모자라 걷는 내내 구시렁거린다. 반면 아이들은 순식간에 물웅덩이에 뛰어들어 웃고 떠들고 물장난하느라 시간 가는 줄 모른다. 인생이라는 물웅덩이를 마음껏 즐겨보자. 경쾌한 발걸음, 얼굴에 가득한 미소로 살아가라. 인생을 위해 즐거움, 엉뚱함, 명랑함에 우선순위를 두자. 우리는 분명 살아 있다. 아무 이유 없이도 기분이 좋을 수 있다.

★
050

감정의 스펙트럼 넓히기

삶을 풍요롭게 만드는 최고의 방법 가운데 하나는 감정의 스펙트럼을 넓히는 것이다. 일주일에 평균 몇 가지 감정을 느끼는가? 지금 목록을 만들고 자세히 살펴보자. 만약 12가지가 안 된다면 당신이 특히 좋아하고 꾸준히 느끼고 싶은 감정을 더해보자. 대부분의 사람들이 수천 가지의 감정 가운데 일부만을 경험하며 살아간다.

초점을 조절하고 표정이나 자세를 바꿈으로써 감정의 스펙트럼을 넓힐 수 있다는 것을 기억하자. 느끼고 싶은 긍정적인 감정을 골라 자신의 경험에서 그 감정을 느꼈던 방법을 실행해보자. 움직여보고, 몸짓도 취해보고, 그 감정이 섞인 목소리로 이야기해보자. 그렇게 했을 때 자기의 감정이 어떻게 변화하는지 즐겨보자.

★
051

힘들 때 무조건 웃어보기

너무 화나고, 좌절감이 들거나 당황스러워 미칠 것 같았던 상황도 몇 년 지나고 나서 되돌아보면 왜 그렇게 괴로웠는지 우습게 느껴졌던 경험이 있는가? 옛말에 "언젠가 지난 세월을 되돌아보고 웃게 될 것이다"라는 말이 있다. 이에 비해 NLP Neuro-Linguistic-Programming• 프로그램의 창시자인 리처드 밴들러Richard Bandler 박사는 이렇게 말한다.

"왜 기다리는가? 지금 당장 웃어라."

오늘 바로 시도해보자. 정말 힘들었던 문제가 있다면 실컷 한번 비웃어보자. 어떤가? 그런 상황에 처한 것이 자신의 책임이라고 느껴지는가?

• 신경 언어 프로그래밍

★
052

모든 가능성에 집중하기

가족이 정해진 시간까지 집에 오지 않고 귀가가 늦어지면 어떤 기분이 들까? 도무지 시간에 신경 쓰지 않는다고 생각할 수도 있다. 어쩌면 집에 오는 길에 사고가 난 것은 아닌지 걱정이 될 수도 있다. 깜짝 선물을 사려고 어디 들린 건 아닌지 기대해볼 수도 있다.

이렇게 각각의 생각에 따라 자신의 마음도 달라진다. 즉 어디에 초점을 두느냐에 따라 감정 상태가 달라진다. 그리고 이 기분, 즉 감정 상태는 우리의 행동과 반응에 강력한 영향을 미친다. 성급하게 결론을 내리지 말고 모든 가능성을 살펴본 다음, 그중 하나에 초점을 맞춰라. 그렇게 하면 자신은 물론 주위 사람들도 힘을 얻게 될 것이다.

★
053

원하는 것으로 눈길 돌리기

카레이싱은 초점의 힘을 아주 잘 설명해주는 예다. 주행 중 차가 미끄러지면 사람들은 반사적으로 벽에 부딪히지 않으려고 벽 쪽으로 시선을 돌린다. 하지만 이렇게 두려워하는 것에 초점을 맞추고 계속 신경을 쓰면 실제로 사고가 날 가능성이 크다. 카레이서들은 우리가 무의식적으로 초점을 맞춘 방향으로 핸들을 꺾는다는 것을 안다. 그렇기 때문에 일부러 벽을 바라보지 않고 넓은 트랙에 초점을 맞춘다.

많은 사람들은 살아가면서 자신이 원하는 것이 아닌 원하지 않는 것에 초점을 맞춘다. 용기를 가지고 두려움에 저항하며, 원하는 것에 초점을 맞추는 훈련을 해야 한다. 이렇게 하면 자연스럽게 원하는 방향으로 나아갈 것이다. 두려움을 내려놓자. 그리고 자신이 진정으로 원하는 것, 누리고 싶은 것에 초점을 맞추자.

★
054

제자리 뛰기부터 해보기

움직임이 감정을 만들어낸다. 조깅하러 나가려는 참인데 꼭 해야겠다는 마음이 들지 않는다면 밖에 나가 제자리에서 팔짝팔짝 뛰어보자. 제자리 뛰기만으로도 얼마든지 자신의 감정 상태를 바꿀 수 있다. 그 이유는 다음과 같다.

- 제자리 뛰기는 매우 훌륭한 운동이다.
- 달리기보다 스트레스를 덜 받는다.
- 경직된 얼굴을 하지 않아도 된다.
- 차를 타고 지나가는 사람에게 즐거움을 선사한다!

055

질문으로 방향 전환하기

초점을 옮기는 가장 효과적인 방법은 질문을 활용하는 것이다. 우리가 던지는 모든 질문에 대해 뇌는 답을 내놓는다. 예를 들어 "그 사람 왜 나를 그런 식으로 이용하는 거지?"라는 의문을 품는다면, 사실이든 아니든 자신이 어떻게 이용당했는지에 대해서만 생각하게 된다. 반면 "이 상황을 어떻게 호전시킬 수 있을까?"라고 묻는다면 분명 적극적인 대처 방법을 제시하는 답을 얻을 수 있다.

★
056

올바른 질문의 효과

올바른 질문의 힘을 보여주는 한 소년의 이야기가 있다. 어느 날 한 불량 학생에게 맞은 소년은 복수를 다짐하며 총을 들고 그 학생을 찾아 나섰다. 다행히 그는 총을 쏘기 직전 스스로에게 질문을 던졌다. "지금 방아쇠를 당기면 나는 어떻게 될까?" 감옥에서의 하루하루를 그려보자 그 무엇보다 고통스러운 이미지가 떠올랐다. 소년은 마음을 고쳐먹고 나무를 향해 총을 쏘았다. 그가 바로 보 잭슨Bo Jackson이다. 그는 순간적인 기쁨(복수를 해냈다는) 대신 그 뒤에 따르는 고통을 생각했다. 그리고 초점을 바꿔 결단을 내림으로써 미래가 없는 전과자가 아닌 전설적인 스포츠 스타가 되었다.

오늘 자신의 인생을 바꿀 만한 질문은 무엇인가?

★
057

어떤 감각에 초점을 맞출 것인가

“당신의 미래는 밝습니다”라는 말을 들은 적이 있는가? 그때 당신은 어떤 감정을 느꼈는가? “당신의 미래는 어둡습니다”라는 말을 들었다면 어떤 감정이 들까? 혹은 내 계획에 대해 “대단하게 들리는걸!”이라고 말하거나 “개선해달라는 외침”이라고 말한다거나 새로운 룸메이트가 “섬뜩하다”거나 “쿨하다”라고 했다면 어떨까?

그 차이는 말뿐만 아니라 그들이 느끼는 감정에 있다. 미래를 ‘밝다’거나 ‘어둡다’고 표현한 사람은 시각적 관점에서 말한 것이며, 눈으로 본 것에 영향을 많이 받는 사람이다. 반면 ‘들리는걸’, ‘외침’ 같은 단어를 사용한 사람은 자신이 들은 것에 영향을 많이 받는다. ‘섬뜩하다’거나 ‘쿨하다’는 단어를 사용하는 사람은 자신의 촉각에 영향을 많이 받는다.

자신은 시각, 청각, 촉각 중 어디에 초점을 맞추는지 생각해보자.

★
058

기분을 바꾸는 건강한 방법 찾기

술, 담배, 과식, 신용카드 남용이나 다른 부정적인 행동을 하지 않고 기분을 끌어올릴 수 있는 건강한 방법은 어떤 것이 있을까? 몇 분 동안 자신의 생각을 한 번 정리해보자.

- 고통스러운 감정을 즐거운 감정으로 바꾸기 위해 최근 사용한 경험이 있는 긍정적인 방법을 모두 적어보자.
- 긍정적으로 기분을 전환할 수 있는 새로운 방법을 추가해보자. 최소 15개 이상에서 25개 이상의 아이디어가 나올 때까지 멈추지 말고 기록해보자. 자신의 상태를 개선시킬 수 있는 건강한 방법을 수백 가지 찾을 때까지 스스로 이를 계속해보자.

★
059

관점 바꾸기를 위한 행동

고통에서 빠져나와 즐거움의 고속도로를 여행하고 싶다면 자신의 관점을 바꿔줄 여러 가지 긍정적인 방법을 찾아야 한다. 이런 건 어떨까. 좋아하는 음악에 맞춰 노래하기, 즉시 적용할 수 있는 정보로 가득한 책 읽기, 마음껏 웃을 수 있는 영화나 예능 프로그램 보기, 수영하기, 가족 혹은 친구와 외식하기, 춤추기, 욕조에 따뜻한 물을 받아 몸 담그기.

이제 여기에 5가지 새로운 아이디어를 더해보자. 처음 만나는 이와 사귀어보기, 친구랑 수다 떨기, 사랑받고 있음을 확인하기, 일기 쓰기, 사랑하는 사람을 꼭 끌어안고 키스하기.

이 중에서 몇 가지를 골라 지금 시도해보자.

Section 3.

창조하는 힘, 파괴하는 힘

믿는 대로 이루어진다

★

선과 악, 행복과 불행, 부유와 가난을

만드는 것은 모두 마음이다.

에드먼드 스펜서 Edmund Spenser

★
060

강력한 신념은 무엇인가

살면서 무언가 성취하기 위해 시도하기도 하는가 하면 시도조차 하지 못할 때도 있다. 이를 결정짓는 힘은 무엇일까? 바로 신념이다. 내가 무엇을 할 수 있는지, 무엇이 가능하고 불가능한지, 또한 내가 누구인지에 대한 믿음 말이다. 아이티 문화에서는 '뼈로 가리키는pointing bone' 주술사의 절대적 힘에 대한 믿음으로 인해 실제로 주술사가 가리킨 사람이 죽는 경우도 있다.• 하지만 진짜 주범은 주술사가 아니라 주술사의 행위에 대한 확신, 즉 잘못된 신념이다.

혹시 부정적인 결과를 예상하고 있는가? 그것이 삶에 어떤 영향을 줄 것인가? 당신의 삶을 긍정적으로 이끌어준 가장 강력한 신념은 무엇인가? 자신과 타인을 위해, 이제 어떤 새로운 긍정적인 기대를 가져볼 것인가?

• 아이티에서는 부두교 주술사가 처형의식을 행하면서 동물의 뼈를 들고 희생자를 가리키면 지목당한 사람이 실제로 죽는다고 믿는다. 흔히 '아이티 좀비'로 회자되는데 살아 있어도 죽은 상태인 것처럼 그릇된 믿음으로 삶에 대한 의지를 포기하면서 결국 죽음으로 내몰린 것이다.

★
061

확신으로 이룰 수 있는 일

수천 년 동안 인간은 신체 조건상 1마일을 4분 안에 주파하는 것이 불가능하다고 믿었다. 그러나 로저 배니스터Roger Bannister가 1마일을 3분 59초 4에 뛰어 이런 고정관념을 산산이 깼다. 어떻게 해낸 것일까? 그는 반복하여 마음속으로 우승한 자신을 그려 보았다. 이렇게 하자 확신이 그의 신경계에 지시를 내림으로써 결국 마음속으로 그린 그림과 같은 육체적 성과를 이룰 수 있었다. 놀랍게도 배니스터가 성공한 이후 1년간 그와 같은 성과를 이룬 선수들이 쏟아졌다.

당신이 뚫고 나가야 할 장벽은 무엇인가? 불가능해 보여도 확신을 가지면 이룰 수 있는 일은 무엇인가? 당신이 그것을 해냈다면 비단 자신의 삶뿐 아니라 주변사람들의 삶도 바꿀 수 있다.

★
062

과거의 사건에서 무엇을 배웠는가

사람들은 종종 어떤 사건을 탓하며 그 때문에 자신의 인생이 잘못되었다고 푸념한다. 하지만 실제로 삶을 결정하는 것은 우리가 그 사건에 부여하는 의미다. 베트남전에서 싸우다 총에 맞은 두 병사가 있었다. 적에게 잡힌 그들은 포로가 되어 심한 고문을 당했는데 그중 한 병사는 고통을 못 이겨 자살을 선택했다. 하지만 나머지 한 사람은 그 어느 때보다 자기 자신과 인간성, 신에 대한 깊은 믿음을 강하게 다지며 견뎌내었다. 이 후자의 병사, 제럴드 커피Gerald Coffee 대위의 이야기는 우리에게 인간의 정신력은 그 어떤 고통, 장애물, 문제라도 극복할 수 있게 만든다는 사실을 일깨워준다.

과거의 상황에 사로잡혀 행복을 느끼지 못하고 있지는 않은가? 그 일이 자신을 더 강하고 현명하게 만들어줬는가? 같은 문제를 겪고 있는 사람들에게 변화를 불러올 수 있는가? 과거의 일이 나에게 무엇을 가르쳐주었는지 생각해보자.

★
063

신념이 만들어내는 차이

나는 왜 지금 그 일을 하고 있는 것일까? 그것은 전적으로 신념의 문제다. 황당하게 들릴지도 모르지만 머리에 구멍을 내면 병이 낫는다고 믿으면 사람들은 머리에 구멍을 낼 것이다. 신념에 근거는 중요하지 않다. 마찬가지로 타인을 돕는 것이 행복해지는 최고의 비결이라고 믿는다면 사람들은 타인을 도울 것이다.

어떻게 믿느냐에 따라 삶은 비참해질 수도, 즐거워질 수도 있다.

신념은 모차르트와 일반인의 차이를 만들어내고, 평범한 사람을 영웅으로 만들기도 하지만, 신념이 없으면 충분히 가능한 일도 포기하게 된다.

주변 사람들이 하는 행동은 어떤 신념에서 비롯되었을까? 동료들과 어떤 신념을 공유하고 있는가? 가족과는 무엇을 공유하고 있는가? 각각은 무엇이 다른지 한 번 생각해보자.

★
064

스스로를 제한하는 단정 깨버리기

어떤 일이 생기면 우리의 뇌는 2가지 질문을 던진다. "이 일이 나에게 괴로운 일인가, 즐거운 일인가?", "괴로움을 피하고 즐거움을 얻으려면 어떻게 해야 하는가?" 그리고는 무엇을 하면 즐겁고, 무엇을 하면 괴로운지에 대해 일반화시켜 답을 내놓는다. 이는 쉬운 방법이기는 하지만 인생을 심각하게 제한할 수도 있다. 예를 들어 사소한 문제 때문에 자신이 쓸모없는 사람이라고 일반화시키면 불행히도 자기 암시에 빠져 정말 쓸모없는 사람이 될 수도 있다.

자신과 다른 사람에 대해 '어떨 것이다'라며 단정한 적은 없는지 생각해보자. 그것이 정말로 정당한가? 분명 예외도 있을 것이다. 내가 내린 일반화를 너무 보편적으로 적용하고 있는 것은 아닌지 생각해보자.

★
065

나를 더 강하게 만들어줄 의미 찾기

모든 것은 내가 부여해야만 의미를 갖는다. 긍정적이든 부정적이든 모든 일에 의미를 부여할 수 있는 것은 인간이 갖는 경이로운 능력 가운데 하나다. 실연의 상처에 시달리다 다시는 사랑 따윈 하지 않겠다고 결심하는 사람들이 있다. 하지만 과거의 족쇄에서 벗어나 가치 있는 변신을 보여주는 이들도 여전히 많다. "그때 내가 어려운 일을 당했지만 나는 그걸 교훈 삼아서 세심하게 다른 이들이 필요로 하는 것을 챙겨야겠다", "내 아이는 잃었지만 이제 내가 할 일은 세상을 더 안전한 곳으로 만드는 거야." 어떤 일이 일어나도 자신을 더 강하게 만들어줄 의미를 찾을 수 있다. 지난 경험들에 새로운 의미를 부여함으로써 삶을 완전히 변화시켜보자.

반대 의견 받아들여보기

신념은 창조와 파괴의 힘을 모두 가지고 있다. 신념이 삶에 미치는 그 놀라운 영향력 때문에 다음 3가지 도전을 이해할 필요가 있다.

- 대부분의 신념은 의식적으로 결정되지 않는다.
- 신념은 종종 과거의 잘못된 생각에서 비롯된다.
- 일단 신념이 생기면 그것을 절대적 진리라고 믿어버린다. 그리고는 그것 역시 하나의 관점일 뿐이라는 사실을 잊어버린다.

당연히 진리라고 믿는 것이 있는가? 진리가 될 수 있는 신념과 진리가 될 수 없는 신념은 어떤 것이 있을까? 그것과 상반되는 의견들은 무엇인가? 만약 현재 가지고 있는 관점과 반대되는 관점을 받아들인다면 삶이 어떻게 달라질지 생각해보자.

★
067

상상을 확신의 재료로 삼기

신념이란 어떤 의미에 대한 확실한 느낌이다. 예를 들어 만약 자신이 똑똑하다고 믿는다면 그것은 단순한 아이디어 이상이다. 당신은 자신이 똑똑하다고 확신한다. 그 확신은 어디서 비롯된 것일까?

생각을 테이블의 윗면이라고 상상해보자. 다리가 없다면 테이블도 세워놓을 수 없다. 신념으로 완성되려면 생각, 즉 테이블에 반드시 다리가 있어야 한다. 그런 다리는 경험이 만들어준다. 예를 들어 스스로 똑똑하다고 믿는다면 아마 학창 시절 성적도 좋았을 테고 똑똑하다는 말도 많이 들었기 때문일 테다.

하지만 과거의 경험만이 확신의 근거가 되는 것은 아니다. 로저 배니스터처럼 상상력을 바탕으로 아직 시도해보지 않은 일들에 대해서 확신을 얻을 수도 있다.

★
068

어떤 신념이 진실일까

뒷받침할 만한 충분한 경험이 있다면 어떤 생각이든 신념으로 바꿀 수 있다. 다음 중 어느 것이 옳은지 생각해보자.

- 사람은 기본적으로 정직하고 예의 바르다.
- 사람은 원래 정직하지 못하고 자기밖에 모른다.

찾으려고만 든다면 사람은 원래 형편없다는 신념을 뒷받침할 경험이나 증거를 충분히 모을 수 있다. 하지만 다른 경험에 초점을 맞춰보면 사람이 정직하다는 증거도 쉽게 찾을 수 있다.
어떤 신념이 진실일까? 어떤 신념을 갖든 그것은 당신에게 진실이 될 것이다.

눈을 가리고 있지는 않은가

신념은 큰일을 해내는 데 도움이 되기도 하지만 한편으론, 삶을 변화시킬 수 있는 여러 정보를 가로막아 보지 못하게 만들 수도 있다. 자기 확신에 사로잡혀 새로운 아이디어나 의견은 들으려고도 하지 않는 사람을 만나본 적 있는가? 다른 누군가의 눈을 통해 내가 가진 신념을 바라본다면 과연 어떤 점이 보일까?

★
070

오래된 신념에 의문 던지기

신념은 모든 행동의 원동력이다. 신념은 삶의 한 부분에만 영향을 주기도 하지만 보다 광범위하게 작용하기도 한다. 예를 들어 '존은 정직하지 않다'라는 특정한 신념은 나와 존의 관계를 제한하는 데 그칠 것이다. 하지만 '사람들은 대부분 정직하지 않다'고 믿는다면 한 사람과의 관계를 넘어 여러 사람과의 관계에 영향을 미친다.

이러한 포괄적인 일반화된 신념은 보통 어떤 극단적인 상황에서 만들어져 오랫동안 굳어진 것이다. 대개 극단적인 경험을 완전히 잊었다고 생각할지 모르지만 여전히 무의식적으로 그에 따라 의사결정을 내린다. 이러한 신념이 우리 삶에 미치는 영향은 무한하지만 반드시 부정적일 필요는 없다. 일반화된 신념을 바꾸면 그만큼 삶의 모든 영역이 더 나아질 수 있기 때문이다.

★
071

더 강력한 신념 만들기

다른 신념에 비해 더 강력한 신념이 있을까? 물론이다. 신념은 정도에 따라 의견, 신념, 확신의 3단계로 구분할 수 있다.

의견은 순간적인 인식에 의해 생긴 것이기 때문에 쉽게 바뀔 수 있다. 신념은 다양한 경험이나 그 경험과 결부된 감정에 바탕을 두기 때문에 의견보다 훨씬 강하지만 역시 의문과 의혹에 흔들릴 수 있다. 반면 확신을 지탱하는 것은, 그것을 전적으로 진실이라고 믿으며 누군가 의문을 제기할 경우 분노하거나 이성적 대화가 불가능해질 정도로 강도 높은 감정이다. 확신은 놀라울 만큼 강하고 또 파괴적이다. 당신의 신념 가운데 의견은 무엇인가? 확신 수준에 가까운 것은 무엇인가?

★
072

고통마저 견디게 해주는 힘

신념의 역할은 무엇인가? 신념은 우리가 괴로움을 피하고 보다 빨리 즐거움을 얻을 수 있는 방법을 결정하도록 도움을 준다. 신념이 있기에 어떤 결정을 내리기 위해 매번 처음부터 다시 시작할 필요가 없다. 때때로 가장 두렵고 고통스럽고 감정이 격한 순간에도 우리는 신념을 형성해 안식을 구한다. 예를 들어 인간관계에서 상처받은 경험 때문에 다시는 사랑하지 않겠다는 신념을 가진 사람을 본 적이 있는가?

신념을 가진 사람은 그것에 반하는 모든 것에 대해 격렬히 저항한다. 극단적인 경우에는 신념을 포기하는 대신 고독, 좌절, 죽음처럼 더 심한 고통까지 견뎌낸다.

신념을 가지고 있는가? 그것이 나에게 힘이 되는가, 아니면 활력을 빼앗는가?

★
073

어떤 문제든 해결할 수 있다

확신은 우리에게 열정을 불어넣어 우리를 행동하게 만든다. 동물의 권리에 대해 깊은 관심을 가진 사람들에겐 신념이 있다. 한편 육식 위주의 식단이 좋다고 자신의 여가시간을 아낌없이 투자해 대중에게 알리려고 하는 이들 역시 확신을 갖고 있다.

지금까지 신념 덕분에 어떤 어려움에 도전해보겠다는 투지를 가졌던 경험이 있는가? 예를 들어 과체중이 되는 걸 막겠다는 신념이 스스로 건강한 생활 방식을 이어가도록 해준 적이 있는가? 기억하자. "나는 어떤 문제든 해결할 수 있다"는 신념이 그 어떤 힘든 시기든 이겨내는 데 도움을 줄 수 있다.

★
074

실행력을 갖추기 위한 지침

자신의 신념에 대해 강한 확신이 든다면, 그 믿음이 삶에 미치는 영향에 대해서도 생각해보자. 다음은 실천력을 높이기 위한 방법이다.

- 확신으로 끌어올리고 싶은 신념을 정해보자.
- 그 신념에 새롭고 강력한 참고 경험을 더해보자. 예를 들어 만약 다시는 고기를 먹지 않겠다고 결심했다면 채식주의자를 만나 채식이 그의 삶에 어떤 영향을 미쳤는지 들어보자.
- 감정의 강도를 높이는 충격적 사건을 스스로 만들어라. 예를 들어 담배를 끊겠다고 결심했다면 직접 종합병원의 집중치료 병동을 방문하여 폐기종 환자들을 관찰해보라.
- 자신의 발걸음이 크건 작건 상관없이 자신의 신념에 따라 움직여라.

★
075

신념이 삶을 바꾼 경험 되새겨보기

다중인격장애를 가진 환자들에 대한 연구 사례만 봐도 신념이 어떤 힘을 가졌는지 알 수 있다. 환자들이 본래 자신이 아닌 다른 사람이 되었다고 믿으면 놀랍게도 생리 기능까지 현저히 변한다. 표정이 바뀌고, 몸의 상처 자국이 없어지거나 생기고, 심지어 당뇨병이나 고혈압 등의 증상이 나타나거나 사라진다. 모든 현상은 환자의 확고한 신념에 기반한다.

대단한 일이 아니어도 괜찮다. 내 신념이 바뀌었을 때 삶에 어떤 변화가 일어났는지 다시 한 번 돌이켜보자.

★
076

재능을 극대화시키는 신념 세우기

부와 성공의 비결은 무엇일까? 흔히 타고난 재능이 그 비결이라고 생각한다. 하지만 진짜 재능은 확고한 신념을 통해 자신의 잠재력을 극대화하여 끌어내는 능력이다. 빌 게이츠는 하버드 재학 시절 컴퓨터용 소프트웨어를 개발하겠다고 호언장담했다. 컴퓨터를 한 번도 본 적이 없었는데도 말이다. 신념이 있었기에 그는 소프트웨어를 개발하는 데 필요한 모든 잠재력을 발휘할 수 있었고, 부와 명예도 얻을 수 있었다.

원하는 결과를 얻는 데 집중하고 또 그렇게 할 수 있다는 믿음을 가지면, 우리 역시 분명 어떤 분야에서든 성공할 수 있다. 무엇보다 자신에게 힘을 실어주는 감정이 어떤 것인지 스스로 인지할 수 있도록 최대한 많이 훈련할 필요가 있다.

★
077

상상은 지식보다 힘이 세다

아인슈타인은 "상상은 지식보다 힘이 세다"라고 말했다. 연구에 의하면 인간의 뇌는 생생하게 상상하는 것과 실제 경험한 것의 차이를 구분하지 못한다. 이러한 사실을 이해한다면 삶을 변화시킬 수 있다. 사람들은 한 번도 해보지 않은 일에 도전하는 데 주저한다. 하지만 앞서가는 리더들은 실제 경험한 적이 없다고 해도 원하는 결과를 끊임없이 상상함으로써 성공을 이뤄낸다. 이런 과정을 통해 그들은 확신을 가지고 자신의 잠재력을 끌어올린다.

지금까지 한 번도 경험한 적은 없지만 흥미를 가진 일이 있는가? 바로 지금이 성공한 자신의 모습을 그리기 시작할 최고의 순간이다.

★
078

현실주의자와 위대한 지도자

'현실을 직시하라'고 말하는 대부분의 사람들은 두려움 속에서 살고 있다. 그들은 과거의 좌절과 실패에서 벗어나지 못하고 다시 실망할까 봐 두려워한다. 자신을 지키기 위해 갖게 된 잘못된 신념으로 인해 주저하고, 위험을 회피하며, 모든 일을 꺼린다. 이로 인해 결국 제한된 결과만 얻을 수 있을 뿐이다.

반면 위대한 지도자는 보통 사람의 기준으로 보면 현실적인 것과는 거리가 멀다. 하지만 정확하고 현명하다. 마하트마 간디는 비폭력적으로 평화롭게 영국에 맞섬으로써 인도의 주권을 찾을 수 있다고 믿었다. 그런 시도는 이전에 없던 방식이었다. 그는 현실적이지 않았지만, 결국 자신의 말이 옳았다는 사실을 증명해 냈다.

우리가 멀리해야 할 현실적인 신념으로는 무엇이 있을까? 이제 새롭고 가슴 뛰고 비현실적이지만, 충분히 실현 가능한 기대를 마음속에 품어보자.

★
079

불가능하다고 믿던 일을 향해 가기

설령 실수를 하더라도 자신의 능력을 과대평가하는 것이 더 나을 때가 많다. 부와 성공이 거기에 달렸기 때문이다. 새로운 기술을 배울 때 비관론자는 그 효과를 있는 그대로 정확하게 평가한다. 반면 낙관론자는 실제보다 더 잘한다고 평가한다.
결국 비관론자들 중에는 큰 효과가 없는 노력을 계속할 이유가 없다고 생각하고 기술을 배우는 것을 포기하는 사람도 있다. 반면 낙관론자는 긍정적으로 바라봄으로써 감정적인 동기부여, 추진력을 얻어 마침내 기술을 마스터해낸다. 비현실적인 평가 덕분에 실제로 그 기술을 익히게 되는 것이다.
기억하자. 미래와 과거는 같지 않다. 한때 불가능하다고 생각했던 꿈을 향해 가기 위해 내디딜 수 있는 첫걸음은 무엇인지 생각해보자.

★
080

학습된 무기력 극복하기

우리의 삶을 결정하는 것은 무엇보다 역경에 대처하는 자세다. 성공하는 사람들은 문제가 생겨도 일시적인 것으로 본다. 반면 실패하는 사람들은 사소한 문제도 영원할 것으로 생각한다. 후자의 사고방식은 마틴 셀리그만Martin Seligman 박사가 말하는 '학습된 무기력'의 덫에 빠지는 첫 단계다. 다음은 이러한 무력감을 일으키는 3가지 인식이다.

- 이 문제는 (일시적이 아니라) 영원히 해결되지 않을 것이다.
- 이 문제는 (일부에 적용되는 게 아니라) 광범위하게 퍼질 것이다.
- 이 문제는 (배울 기회가 아니라) 뭔가 잘못 되었다는 증거다.

앞으로 소개할 내용들에서는 무기력을 유발하는 이 신념을 해결할 방법을 알아보는 데 집중할 것이다. 일단 오늘은 "이 또한 지나가리라"라는 말을 기억하자. 굴하지 않고 끝까지 밀고 나가면 분명 방법을 찾을 수 있다.

★
081

문제의 확산에 빠지지 말라

성공하는 사람들은 문제를 여러 가지 관점에서 살펴보고 '문제의 확산'에 빠지지 않는다. 그들은 "과식하는 버릇 때문에 생활이 완전 엉망이야"라고 말하지 않고, "요즘 식습관을 고치려고 노력 중이야"라고 말하며 습관을 개선하는 데 초점을 맞춘다. 반면 '문제의 확산'에 빠져 있는 사람들은 사소한 실패에도 뭐든지 실패할 것이라고 일반화하면서 무기력해진다.

하나의 문제가 모든 것에 영향을 준다는 잘못된 신념을 극복하기 위해 우리는 즉시 문제의 일부분이라도 바로잡아야 한다. 가장 작은 문제여도 상관없다. 지금 시작하기만 하면 된다.

★
082

실패라는 놀라운 선물에 감사하기

낙관론자들은 실패를 무언가 배울 기회, 자신의 방법을 수정하라는 도전으로 받아들인다. 반면 비관론자들은 실패를 개인적으로 받아들이며 자기에게 고질적인 성격적 결함이 있다는 증거로 해석한다. 자신의 정체성을 실패와 너무 단단히 결부시켜 좀처럼 기를 펴지 못한다. 그들이 단번에 삶을 바꿀 수 있는 방법은 무엇일까?

어떤 문제에 대해서든 이것이 '개인적인' 차원으로 받아들여져서는 안 된다. 문제를 자기 운명을 개척하기 위한 피드백으로 활용하라. 이 놀라운 선물이 오히려 감사하지 않은가.

★
083

인생의 돌파구를 찾는 방법

난관을 헤쳐나가는 돌파구는 신념을 바꾸는 데에서 시작한다. 잘못된 신념을 바꾸는 가장 효과적인 방법은 계속 의문을 제기하여 낡은 신념을 흔들어놓는 것이다. 뇌는 항상 고통에서 빠져나오려고 한다는 것을 기억하라. 또한 낡은 신념이 불러올 수 있는 모든 부정적인 결과에 대해 생각해보고 스스로에게 다음과 같이 물어보자.

- 심사숙고해볼 때 이 신념의 어리석고, 우스꽝스러우며, 바보 같은 부분은 무엇인가?
- 이 신념으로 인해 지금까지 어떤 대가를 치렀는가? 또 지난날 나를 어떻게 제한했는가?
- 지금 신념을 바꾸지 않으면 앞으로 어떤 희생을 치를까?

이 질문들에 대답하면서 낡은 신념과 괴로운 감정을 결부시키고, 나에게 힘이 되는 신념으로 교체할 기회를 찾아보자.

★
084

지속적이고 끝없는 발전, 캔아이

인간은 계속해서 성장하고 있다고 느낄 때 비로소 행복해진다. 오늘날의 비즈니스 세계에서 성공하려면 모든 조직들이 끊임없이 성장해야 한다. '지속적인 성장'이라는 개념은 어쩌다 좇는 목표로서가 아니라 일상적인 원칙으로 받아들여져야 한다. 일본에서는 이를 카이젠改善이라 부르는데, 상품이나 서비스 수준을 계속 향상시키는 데 집중하는 것을 말한다.

우리 역시 모두가 지속적이고 끝없는 발전, 캔아이Constant And Never-ending Improvement, CANI!를 해보자. 이미 그 자체로 훌륭한 것을 더욱 개선시키는 방법에 관심을 가진다면, 이런 태도가 가족과 조직, 지역 사회를 어떻게 변화시킬지 알 수 있을 것이다. 캔아이의 철학을 어떻게 실행에 옮길 것인지 생각해보자.

매일매일 나아질 것이다

매일 어떤 식으로든 자신이 발전하고 있음을 느끼는 데서 삶의 진정한 안도감을 얻을 수 있다. 나는 삶의 질을 유지하는 것에 대해 걱정하지 않는다. 매일 삶이 더 나아지도록 노력하고 있기 때문이다.

★
086

작지만 꾸준한 발전 이루기

전설적인 NBA 코치 팻 라일리Pat Riley의 성공 비결 가운데 하나는 점진적이고 꾸준한 발전에 대한 집념이다. 1986년 그는 큰 도전 앞에 섰다. 그의 팀은 최선을 다했지만 우승을 놓치고 말았다. 라일리는 선수들에게 실력이 한 단계 올라서려면 선수 각자가 5가지 핵심 영역에서 단 1퍼센트씩 경기력을 향상시키면 된다고 설득했다.

이 계획의 핵심은 모든 선수들로 하여금 별로 어려운 일이 아니며, 해볼만 하다고 느끼게 만든 단순함이었다. 선수들은 각각 5퍼센트 향상에 힘을 쓴 것에 불과했지만 12명 선수가 각자 제 몫을 다하자 팀 전체의 경기력은 60퍼센트나 향상되었다. 그들은 창단 이래 최고의 시즌을 보냈다.

작지만 꾸준한 발전을 통해 어떤 성취를 이뤄낼 수 있을까? 스스로의 인생에서 찾아보자.

★
087

내게 힘을 주는 신념 찾기

매일 자신의 생각과 결정, 행동을 이끄는 신념은 무엇인가? 자신의 신념이 스스로에게 얼마나 큰 영향을 주는지 확인하려면 다음의 연습을 해보자.

- 종이 2장을 준비하고 한 장에는 맨 위에 '힘이 되는 신념'이라고 쓰고 다른 종이 위에는 '힘을 잃게 하는 신념'이라고 쓰자.
- 다음 10분 동안, 이 2장의 종이 위에 자신이 갖고 있는 모든 신념을 적는다. 마음속에 떠오르는 모든 것을 적어보자.
- 브레인스토밍을 할 때 포괄적이고 일반화된 신념과 보다 구체적인 신념을 모두 포함시켜라. '만약-그러면if-then' 식의 신념도 반드시 포함시켜라. "내 모든 것을 쏟아붓는다면 나는 반드시 성공할 거야", "만약 이 사람들에게 열정을 품고 달려들면 그들은 겁을 먹고 달아날 거야"와 같은 것 말이다.

신념을 넘어 확신으로

인생을 부의 방향으로 이끄는 가장 효과적이며 단순한 방법은 꿈을 향한 신념을 확인하고 강화하는 것이다.

- 자신이 만든 힘이 되는 신념, 힘을 잃게 하는 신념 리스트를 다시 한 번 살펴보고 자신에게 가장 힘을 실어주는 신념 3가지에 표시를 해보자.
- 이 3가지 신념이 정확히 어떻게 힘을 주는가? 어떤 식으로 자신의 특성을 강화하고 삶의 질을 높여주는가? 만약 지금보다 훨씬 더 강하다면 얼마나 더 훌륭하고 긍정적인 영향을 미칠 수 있을까?
- 힘이 되는 신념을 바탕으로 확신을 만들어라. 자신이 원하는 방향으로 행동을 이끌어줄 확신을 가져라. 자, 이제 확신을 갖고 출발하자.

★
089

낡은 신념 없애버리기

이제 더 이상 필요 없는 낡은 신념을 없애버릴 때가 왔다.

◆ 가장 힘 빠지게 하는 신념 2가지를 골라라.

◆ "이 신념이 어디가 어떻게 이상한 건가?", "내게 이 신념을 가르쳐준 사람이 과연 정말 나의 롤모델이었을까?", "이 신념을 버리지 않을 경우 감정적, 신체적, 금전적으로, 또한 인간관계에서 어떤 대가를 치르게 될까?", "내 가족과 사랑하는 사람들이 입게 될 피해는 무엇인가?" 이러한 질문으로 낡은 신념에 대한 확신을 뿌리째 흔들자.

◆ 이러한 신념이 초래할 부정적 결과들을 상상하고 더 이상 희생양이 되지 않겠다고 마지막으로 한 번만 더 다짐하자.

◆ 이 신념을 대신할 새로운 신념 2가지를 적어보자.

◆ 힘이 되는 새로운 신념으로 얻을 수 있는 헤아릴 수 없이 많은 이득을 상상하고 기대해보자.

★
090

'나는 뛰어나다'고 확신하기

피그말리온 효과Pygmalion Effect•는 수행 능력을 높이는 데 있어서 기대가 얼마나 큰 힘을 가지는지 보여준다. 이와 관련된 한 연구에서 교사들에게 몇몇 학생이 아주 뛰어나며 그들이 계속 앞서가기 위해선 지속적으로 도전 과제를 제공할 필요가 있다고 말해주었다. 교사들은 그 학생들에게 큰 기대와 관심을 보였고 학생들은 이에 부응하여 당연히 최고 수준의 성과를 이루어내었다. 하지만 사실 여러 방면에서 뛰어난 재능을 가졌다는 그 학생들은 연구 전에 높은 학습 능력을 보여준 적이 없었다. 심지어 몇몇 학생은 공부를 잘하지 못한다고 낙인 찍혀 있었다.

도대체 무엇이 이러한 변화를 만든 것일까? 이는 스스로 자신이 뛰어나다는 확신을 새롭게 가졌기 때문이다. 물론 교사들이 일부러 불어넣은 잘못된 확신이었지만 학생들에게는 놀라운 변화의 계기가 되었다. 자신과 타인에 대해 어떤 신념을 갖느냐가 얼마나 중요한지 이해할 수 있는가? 자신의 엄청난 잠재력을 활용할 수 있는 신념이 있다면 무엇을 이룰 수 있을지 생각해보자.

• 타인의 기대나 관심으로 인하여 능률이 오르거나 결과가 좋아지는 현상

Section 4.

질문의 힘

질문이 곧 답이다

★

중요한 것은 끊임없이 질문하는 것이다.
호기심은 그 자체로 존재의 이유가 있다.
영원과 삶, 현실의 놀라운 구조의 신비를 생각할 때
우리는 경외감을 느끼지 않을 수 없다.
단지 매일 이 신비로움을 조금이라도
이해하려고 노력한다면 그걸로 충분하다.
신성한 호기심을 절대 잃지 마라.

알버트 아인슈타인 Albert Einstein

★
091

인간 의식의 집결체, 질문

질문은 인간 의식을 결집시킨 레이저와 같다. 질문의 힘을 활용한다면 어떤 장애물도, 도전도 이겨낼 수 있다.

★
092

한계를 정하지 말라

성공하는 사람과 그렇지 않은 사람의 근본적인 차이점은 무엇일까? 간단히 말하면 성공하는 사람은 스스로에게 던져온 좋은 질문 덕분에 더 좋은 답을 얻었다. 처음 자동차가 출시되었을 때 수많은 기술자들이 조잡한 손놀림으로 차를 만들었다. 하지만 헨리 포드Henry Ford는 "어떻게 하면 대량 생산할 수 있을까?"라는 남다른 질문을 던지며 고민했다. 동유럽에서는 레흐 바웬사Lech Walesa가 공산주의 아래에서 신음하는 사람들을 대신해 "어떻게 하면 남녀 할 것 없이 노동자들의 생활수준을 올릴 수 있을까?"를 고민하였다.

상상의 나래를 펼칠 수 있게 둔다면 질문은 우리를 어디까지 데려다줄지 모른다.

★
093

질문과 답으로 생각이 연결된다

"생각하는 것은 단지 질문하고 그에 답하는 과정이다"라는 말에 동의하는가? 답을 하려면 일단 "정말 그럴까?", "내가 이 말에 동의하는가?"라는 식으로 자신에게 질문을 던져야 한다.

평가하기(어떻게 그렇게?), 상상하기(무엇이 가능할까?), 결정하기(나는 어떻게 할까?)와 같은 일련의 사고 과정은 질문하기, 대답하기와 연관된다.

그러므로 삶의 질을 높이려면 자신 혹은 다른 이들에게 습관적으로 던지는 질문부터 바꿔야 한다.

★
094

아이처럼 궁금증을 품어라

아이들은 항상 질문의 챔피언들이다. 어떻게 해서든 대답을 받아내고야 마는 아이들의 순수함과 호기심을 그대로 모방한다면 무엇을 얻을 수 있을까?

★
095

근본적인 질문은 무엇인가

인생에서 우리가 이룬 일들은 모두 질문을 통한 것이다. 지금 하고 있는 일을 하게 된 것은 무엇 때문인가? 실패한 사람들보다 더 많은 능력을 가진 것 같지 않은 사람이 어떻게 더 뛰어난 성과를 거둘 수 있었을까? 그들의 성공을 본받을 수는 없을까? 어떻게 하면 그 어느 때보다 더 쉽고 빠르게 변화할 수 있을까? 삶의 질은 어떻게 해야 높일 수 있을까?

지금 나의 삶을 만들어가고 있는 근본적인 질문은 무엇인가?

★
096

남다른 성공과 부로 안내하는 질문

좋은 질문이 좋은 삶을 만든다. 비즈니스는 의사결정자가 제품 라인, 시장, 판매 전략에 대해 올바른 질문을 할 때 성공을 거둘 수 있다. 인간관계는 어느 부분에 잠재된 갈등이 있고 어떻게 서로 도울 수 있는지에 대해 바르게 질문할 때 잘 유지된다. 지역 공동체는 리더가 무엇이 가장 중요하고 어떻게 하면 구성원들이 공동의 목표를 향해 힘을 모을 수 있는지에 대해 올바른 질문을 던질 때 발전한다.

삶에서 개선을 원하는 각 영역마다 해법을 제시해주는 질문들이 있다. 이런 질문들은 나와 내가 사랑하는 사람들을 남다른 성공과 부로 안내해줄 것이다. 지금 스스로 삶의 질, 헌신, 희생에 대해 질문할 필요가 있다고 느끼는가?

★
097

상상을 초월한 영향력 만들기

질문은 상상을 초월할 만큼 큰 영향력을 연쇄적으로 일으킨다. 자신의 한계에 대한 의문은 결국 그 한계를 넘어서게 만든다. 비즈니스, 인간관계, 국가 간 장벽을 무너뜨리는 첫 단추가 된다. 인류의 발전은 모두 새로운 질문에서 비롯되었다.

오늘 좀 더 나은 삶을 가져다줄 새로운 답을 얻기 위해 어떤 새로운 질문을 던질 것인가?

★
098

내 안의 능력을 깨우는 법

뇌의 능력은 경이롭다. 뇌의 저장 용량을 모두 꽉 채우려면 세계무역센터 크기의 건물 2개는 있어야 한다. 하지만 저장된 모든 것을 제대로 사용하는 방법을 모르면 이러한 잠재 능력은 아무런 쓸모가 없다. 원하는 것은 무엇이든 자신의 자료실에서 구하려면 어떻게 해야 할까?

질문의 강력한 힘을 활용하면 된다. 경험을 제대로 활용하지 못하는 것은 기억력 감퇴 때문이 아니라 자신의 능력을 깨우는 질문을 찾는 데 실패했기 때문이다.

새로운 답은 새로운 질문에서

우리의 마음속 컴퓨터는 항상 서비스를 제공할 준비가 되어 있어서 어떤 질문을 던지든 바로 답을 내놓는다. 하지만 "왜 나는 계속 실수를 하지?"와 같은 어리석은 질문을 던지면 대답도 어리석은 것밖에 얻을 수 없다.
반대로 "이것을 어떻게 활용할 수 있을까?"와 같이 쓸모 있고 유용한 질문을 던지면 자연스럽게 해결 방향으로 나아갈 수 있다.
새로운 답은 새로운 질문에서 나온다. 지금 나와 내가 사랑하는 사람에게 힘이 될 수 있는 질문은 무엇인가?

★
100

거부를 두려워하지 말고 물어라

내 친구 미첼은 질문의 위대한 힘을 보여주는 산 증인이다. 그는 화재 사고로 전신에 화상을 입고 두 다리를 잃었지만 낙담하지 않았다. 그는 "나에게 아직 남아 있는 게 무엇일까?", "지금 할 수 있는 일, 오히려 예전보다 더 잘할 수 있는 일이 뭐가 있을까? 이 사고로 인해 내가 남에게 도움을 줄 수 있는 일이 있다면 그게 뭘까?"라고 계속 질문하였다.

그는 치료 기간 중 병원에서 애니라는 간호사를 알게 되었고 그녀에게 마음이 끌렸다. 몸은 형체를 알아볼 수 없을 만큼 상했고, 하반신은 마비된 상태였지만 미첼에게는 아무도 따라갈 수 없는 대담한 용기가 있었다. "어떻게 하면 애니와 데이트할 수 있을까?"를 고민하던 그는 얼마 지나지 않아 그녀와 결혼에 성공하였다.

실패나 거부당할 가능성에 별로 신경 쓰지 않는다면, 지금 어떤 질문을 던져볼 것인가?

★
101

행운이 되는 질문

마지못해 연애를 하고 있다고 생각해보자. 그런 경우 "더 멋진 인연이 다른 곳에 있진 않을까?", "지금 약속했다가 기회를 잃어버리면 어쩌지?" 같은 의구심이 가득한 질문을 던지게 된다. 이런 질문은 자신이 가진 것들을 제대로 누릴 수 없게 만든다.

대신 이런 질문은 어떨까. "널 만난 건 정말 행운이야.", "너의 그런 점이 참 좋아."

자신과 반려자 두 사람 모두 최고의 행운아라고 느끼려면 어떤 질문을 던져야 할까?

★
102

장애물을 넘는 법

지금까지 무엇을 성취했든 누구나 개인적, 직업적으로 장애물에 부딪히는 시기가 올 수 있다. 질문해야 할 것은 "그런 시기가 올 것인가, 안 올 것인가?"는 아니다. 문제가 생긴다면 어떻게 대처할 것인지를 물어야 한다.

상황을 바꾸고 스스로 해결책을 찾는 데 다음의 체크리스트가 도움이 될 것이다.

문제 해결을 위한 질문

- 이 문제에서 좋은 점은 무엇인가?
- 무엇이 아직 완벽하지 않은가?
- 내가 원하는 대로 해결하기 위해서 무엇을 해야 하는가?
- 내가 원하는 대로 해결하기 위해서 하지 말아야 할 것은 무엇인가?
- 내가 원하는 대로 해결하기 위해 필요한 일들을 하는 과정을 어떻게 하면 즐길 수 있을까?

★
103

부자로 만든 질문

도널드 트럼프는 어떻게 부동산으로 부를 축적할 수 있었을까? 가장 핵심적인 것은 그의 평가 과정이다. 트럼프는 경제적 이득이 높아 보이는 물건을 평가할 때에도 이렇게 물었다. "가격 하락의 가능성은? 최악의 사태는 무엇인가? 내가 감당할 수 있는 수준인가?" 이렇게 질문해보고는 최악의 사태에서도 스스로 해결할 수 있다고 판단되면 거래를 진행했다. 가격이 상승하는 좋은 상황이면 알아서 잘 될 테니 최악의 경우만 판단한 것이다.

그를 지켜본 사람들은 트럼프가 상황이 악화되면 꺾을 수 없는 의지를 불태우면서 이를 해결하기 위한 질문을 던져서 헤쳐갔다고 전한다. 기억하라. 우리의 운명은 스스로 던진 질문과 하지 못했던 질문에 의해 결정된다.

★
104

탁월함은 어떻게 발현되는가

스스로가 계속하여 던지는 질문은 즐거움과 영감을 줄 수도 있지만 반대로 나약함, 분노를 일으키기도 한다. 정신을 북돋아주고, 인간의 탁월함을 발현시키는 길로 안내할 질문을 많이 던져보자.

★
105

습관적인 질문 바꾸기

살을 빼려고 계속해서 노력했는데도 뜻대로 안 된다면, 혹시 자신에게 잘못된 질문을 던지고 있는 건 아닌지 돌아보자. "무엇으로 배를 채우지?", "내가 멀리해야 할 달콤하고 기름진 음식은 무엇이지?"와 같은 질문 말이다.

그런 질문 대신 이렇게 질문해보자. "내게 진짜 영양분을 공급해주는 것은 무엇인가?", "내게 에너지를 공급해줄 수 있는 가볍고 맛있는 요리는 무엇일까?", "이 음식은 내 몸을 맑게 해줄까 아니면 대사를 방해할까?"와 같은 질문으로 말이다. 혹은 과식할 것 같은 느낌이 들 때는 이렇게 질문해보자. "이걸 먹으면, 나는 목표를 달성하기 위해 또 무엇을 포기해야 하는가?", "지금 먹고 싶은 대로 다 먹으면 나중에 어떤 대가를 치르게 될까?"

자신에게 던지는 습관적인 질문 중 하나만 바꿔도 삶의 질을 크게 변화시킬 수 있다.

★
106

내가 감사해야 할 것은 무엇인가

질문은 관심의 초점을 옮겨 우리의 감정 상태도 변화시킨다. 살아오면서 마주했던 빛나는 소중한 추억에 초점을 맞추면 곧바로 행복감에 젖어들지 않을까? 처음 집을 장만하여 이사하던 날, 첫 아이가 태어나던 날, 하늘의 별도 쏠 수 있을 것처럼 자신감을 선사해준 친구와 대화를 나누던 순간들 말이다.

"내가 감사해야 할 것은 무엇인가?", "지금 내 삶은 얼마나 멋진가?"와 같은 질문은 우리를 그런 순간으로 안내해준다. 그러면 우리는 삶을 기분 좋게 느끼고, 또한 주변 사람들에게 더 헌신할 수 있게 된다.

★
107

지속적인 안정감 찾기

확언하는 것과 질문 사이에는 큰 차이가 있다. 하루 종일 "나는 행복하다. 나는 행복하다. 나는 행복하다"라고 확언할 수는 있다. 하지만 "지금 나를 행복하게 하는 것은 무엇인가? 내가 원하는 대로 되었다면 지금 얼마나 행복할까? 어떻게 그런 행복을 느낄 수 있을까?"와 같이 '힘을 주는 질문'을 통해 얻어지는 지속적인 안정감과는 다르다.

질문은 단순히 감정 상태를 끌어올리는 게 아니라 초점을 맞추고, 감정을 느끼기 위한 실제적이고 설득력 있는 분명한 이유를 생각해내도록 해준다. 단순히 확언하는 것에 그치지 않고 구체적이고 지속성 있는 실제 감정 상태의 변화를 경험할 수가 있다.

★
108

부자의 질문 따라 해보기

어떻게 하면 삶을 즉각적으로 개선할 수 있을까? 당신이 존경하는 사람이 습관적으로 던지는 질문을 따라 해보자. 절대적인 행복에 도달한 것처럼 보이는 사람은 분명 자기 자신을 행복하게 만드는 것에 초점을 맞추고 좀 더 행복해질 수 있는 방법이 무엇인지 계속 질문해왔을 것이다.

비슷한 예로 돈을 잘 버는 사람과 그렇지 않은 사람은 똑같은 투자를 할 때도 다른 질문을 던진다.

삶의 어떤 분야에서든 새로운 차원의 성공은, 그 분야에서 이미 성공한 사람들이 던졌던 남다른 질문과 연관이 있다. 기억하라! 질문을 던지면 얻을 수 있다.

★
109

타인의 의견에서 답 구하기

성공과 부의 주요한 요건 중 하나는 더 나은 답을 받아들이는 열린 자세다. 월트 디즈니는 디즈니 월드 매직 킹덤을 만들 당시 독특한 방식으로 의견을 모았다. 작업실의 한쪽 벽면 전체에 프로젝트의 전 과정을 게시하였고, "이것을 어떻게 개선할 수 있을까?"라는 질문을 던져 스텝 모두가 적극적으로 답을 내놓게 하였다. 디즈니는 이런 식으로 창의적 집단의 자원을 한데 모아 최대로 활용하여 더 나은 결과물을 얻을 수 있었다.

선두적인 조직을 직접 이끌어 나갈 필요는 없다. 어떻게 하면 초점을 새로운 방향으로 돌릴 수 있을까? 매일 만나는 사람들 가운데 풍부한 아이디어를 제시해줄 수 있는 사람은 누구일지 생각해보자.

110

숨겨진 자원 발견하기

어떤 답을 얻느냐는 어떤 질문을 하느냐에 달려 있다. 이것은 자신의 숨겨진 자원을 발견하게 해주는 특별한 질문을 생각해낼 수 있는가의 문제다. 만약 배우고 발전하는 것을 중요시한다면 "앞으로 더 잘 해내려면 지금 이 상황을 어떻게 활용해야 할까?"와 같은 질문을 던져 부정적인 감정 상태를 깨는 것이 가장 효과적이다. 골치 아픈 문제에 부딪쳤을 때에는 "10년 후에도 이 문제가 그렇게 중요할까?"라고 반문해볼 수 있다. 또한 누군가에게 화가 났다면 "그에게 무슨 일이 있었나? 내가 어떻게 도와야 하지?"와 같은 질문을 던짐으로써 서로의 입장 차이를 해결하고 상대방에게 깊은 마음을 전하는 가장 빠른 방법이 될 것이다.

부자는 더 먼 미래를 묻는다

인간은 놀라운 망각의 존재다. 우리에게 주어진 시간 동안 인식할 수 있는 모든 것 중 의식적으로 초점을 맞출 수 있는 대상은 극소수다.

자신 혹은 다른 이에게 어떤 질문을 던지느냐에 따라 우리는 초점을 옮길 수 있다. 예를 들어 한 조직에서 "우리가 만들어내는 것이 어떤 영향을 미칠지 생각해본 적 있습니까?"와 같은 질문을 던짐으로써 동료, 팀원들이 프로젝트의 세부적인 부분에서 빠져나와 거시적인 이익과 결과에 집중하도록 만들 수 있다. 주위에 이런 방식으로 큰 성공과 부를 얻은 사람이 있는지 생각해보자.

★
112

무엇을 찾고 있는가

무엇이든 관심을 가져야 눈에 보인다. 이 말을 확인하고 싶다면 다음 실험을 해보자. 지금 어디에 있든 주위를 한 번 둘러보고 "갈색인 사물은 무엇인가?" 하고 질문해보자. 그리고 갈색으로 보였던 모든 것을 적어보자. 그런 다음 눈을 감고 초록색으로 보였던 것을 떠올려보자. 만약 익숙한 장소라면 이미 알고 있는 것들이 많아 실험이 유의미하지 않겠지만, 낯선 장소라면 차이가 난다. 갈색인 것은 쉽게 기억할 수 있어도 초록색인 것은 잘 떠오르지 않을 것이다. 이제 눈을 뜨고 직접 초록색을 찾아보자. 아마 뭔가 불쑥 튀어나오듯 여기저기에 초록색이 보일 것이다.

"구하면 얻을 것이다"라는 말을 기억하라. 우리는 자신이 찾고자 하는 것만 볼 수 있다. 그러니 스스로 무엇을 찾고 있는지 항상 의식하고 있어야 한다.

유리한 방향으로 예측하기

질문 방법에 따라 어떤 일이 가능한지 불가능한지를 판단할 수 있다. 어떤 특정한 단어를 사용하는지, 어떤 단어를 먼저 말하는지에 따라 완전히 불가능하다고 생각할 수도 있고, 반대로 당연히 가능하다고 생각할 수도 있다. 예를 들어 "왜 나는 항상 나를 망쳐버리는 거지?"라는 질문은 자기 충족적 예언이 될 수도 있다. 즉 전혀 그렇지 않은 상황에서도 어느 순간 정말 자신을 파괴할 수도 있다.

스스로에게 유리한 방향으로 예측을 전환하는 방법을 익히자. 자신에게 힘이 되는 믿음을 뒷받침해줄 경험을 찾자. 그리고 스스로에게 "이 경험이 내 능력을 어떻게 단련시키고 있는가?", "함께 어려움을 헤쳐 왔으니, 우리 관계는 더욱 돈독해지지 않을까?"와 같은 질문을 던지자.

★
114

파산 직전에서 구해준 질문

질문은 아무것도 없어 보이는 상태에서도 답을 만들어낸다. 처음 일을 시작했던 때, 동료 한 사람이 큰돈을 횡령한 적이 있었다. 하지만 나는 파산 신청(실제로 많은 이들이 내게 이를 권했다)을 하지 않고 나 자신에게 물었다. "전화위복이 되도록 할 수 있는 방법은 없을까? 어떻게 하면 회사가 이전보다 더 튼튼해질까? 어떻게 하면 잠잘 때도 다른 사람들에게 도움이 될 수 있을까?"

이러한 질문들은 내가 프랜차이즈 사업부와 성공적인 TV 인포머셜 광고 시리즈를 개발해 수백만 명의 삶에 도움을 줄 수 있도록 해주었다.

처음에 원하는 답을 얻지 못했다고 포기할 것인가, 아니면 필요한 해답을 얻을 때까지 계속해서 질문을 던질 것인가?

모닝 파워 질문 1.

스스로를 위해 매일매일 성공을 다짐하는 의식을 갖자. 매일 아침 활력을 선사하는 질문이 가져다주는 긍정적인 감정을 느끼면서, 각각에 대한 대답을 최소한 2~3개 정도 생각해보자. 답을 찾기 어려우면 가능성을 묻는 방향으로 질문을 바꿔도 괜찮다. 예를 들어 "지금 나는 무엇에 행복을 느끼는가?"라는 질문에 대한 마땅한 답이 없다면, 다시 "지금 내게 무엇이 있으면 행복해질까?"라고 물어보자.

모닝 파워 질문

- 지금 내가 행복을 느끼는 것은 무엇인가? 그것의 어떤 점이 나를 행복하게 만드는가? 어떻게 그렇게 느끼게 만드는가?
- 지금 흥분되고 설레는 것은 무엇인가? 그것의 어떤 점이 나를 설레게 만드는가? 어떻게 그렇게 느끼게 만드는가?

★
116

모닝 파워 질문 2.

- 지금 내 삶에서 자랑스러운 것은 무엇인가? 무엇이 나를 자랑스럽게 만드는가? 그것이 어떤 식으로 그런 기분을 느끼게 하는가?
- 지금 내 삶에서 감사한 것은 무엇인가? 무엇이 감사하게 만드는가? 그것이 어떤 식으로 그런 기분을 느끼게 하는가?
- 지금 내 삶에서 즐거운 것은 무엇인가? 무엇이 나를 즐겁게 만드는가? 그것이 어떤 식으로 그런 기분을 느끼게 하는가?
- 지금 내 삶에서 헌신하고 있는 것은 무엇인가? 무엇이 나를 헌신하게 만드는가? 그것이 어떻게 그런 마음을 갖게 하는가?
- 내가 사랑하는 것은 무엇인가? 누가 나를 사랑하는가? 무엇 때문에 나는 그것을 사랑하는가? 그것이 어떻게 그런 감정을 갖게 하는가?

앞으로 이 같은 성공의식을 보다 효과적으로 이용하는 방법을 익힐 것이다.

117

하루를 마감하는 질문

모닝 파워 질문에 이어 하루를 마감하는 질문 3가지를 소개한다. 이 질문은 그날 하루 동안 있었던 일을 두루 돌아볼 수 있게 고안된 체크리스트다. 잠들기 전 자신을 편안한 상태로 이끌어줄 질문을 던져보자.

하루를 마감하는 질문

- 오늘 나는 무엇을 나누었는가? 어떤 식으로 나누었는가?
- 오늘 나는 무엇을 배웠는가? 새로 결정한 것은 무엇인가?
- 오늘 나는 어떻게 내 삶의 질을 높였는가? 어떻게 하면 오늘을 미래를 위한 투자로 활용할 수 있을까?
- 선택 사항: 모닝 파워 질문 다시 던져보기

★
118

답은 분명히 있다

우리의 질문을 제한할 수 있는 유일한 것은 무엇이 가능한지에 대한 신념뿐이다. 나의 운명을 긍정적으로 만들어 온 핵심적인 신념은 '어떤 질문이든 계속 하다 보면 분명 답을 얻을 수 있다'는 것이다. 제퍼디Jeopardy 게임•에서처럼 모든 답은 이미 존재한다. 해야 할 것은 올바른 질문을 던지는 것뿐이다.

• 원래는 법률 용어로 재판에서 유죄 판결을 받을 위험성을 의미한다. 여기에서는 미국의 퀴즈 프로그램을 의미하는 것인데 영어, 일반 상식 등을 퀴즈로 풀고 조별로 점수를 주는 게임이다.

★
119

나만의 질문 추가하기

어떤 질문을 규칙적으로 하면 효과적일까? 나는 가장 단순하지만 강력하게 문제를 극복하도록 도와주는 2가지 질문을 좋아한다. 바로 "이것의 가장 큰 장점은 무엇인가?"와 "이것을 어떻게 사용할 수 있을까?"이다.

첫 번째 질문은 부정적인 기운을 떨쳐버리고 하나의 경험에 어떤 의미든 부여할 수 있음을 상기시킨다. 두 번째 질문은 '왜'보다는 '어떻게', 즉 답할 수 없는 것보다는 해결책과 이익에 초점을 맞춘다. 현재 상태를 바꾸고 자신의 잠재력을 활용하기 위해 사용할 당신만의 2가지 질문은 무엇인가? 매일 성공 의식의 필수적인 부분이 되도록 모닝 파워 질문과 함께 이 2가지 질문을 추가해보자.

★
120

좋은 질문을 습관화하기

종종 아주 단순한 질문이 큰 변화를 일으키기도 한다. 인간관계 분야에서 많은 업적을 세운 미국의 작가이자 연설가였던 레오 버스카글리아Leo Buscaglia는 단순한 질문의 중요함을 말한다. 그가 어렸을 때 그의 아버지는 매일 밤 "오늘은 뭘 배웠니?"라고 물었다고 한다. 레오는 아주 멋진 대답을 해야 하는 줄 알았다. 그래서 만약 그날 학교에서 배운 것 중 특별히 재미있는 게 없으면 집에 돌아와 정신없이 백과사전을 뒤졌다.

레오는 이후 수십 년 동안 끊임없이 가치 있는 것을 익히고 나서야 잠자리에 들었다고 한다.

삶에서 이런 질문을 계속해서 던진다면 나와 가족들의 삶은 어떻게 달라질까? 어떻게 해야 이 같은 매일 질문하는 습관이 먹고 자는 것처럼 익숙해질 수 있을까?

★
121

신뢰와 실천에 발 딛고 서라

어느 시점이 되면 질문을 멈추고 행동으로 실천해야 한다. "내 삶의 의미는 무엇인가?", "가장 헌신해야 하는 것은 무엇인가?", "내가 왜 여기 있을까?" 등은 그 자체로 매우 힘 있는 질문이지만 완벽한 답을 얻는 데 집착하면 앞으로 더 나아가기는 어렵다.

어떤 질문에 대해 우리가 믿을 수 있는 근원적인 해답은 신뢰와 실천에 근거한 것이어야 한다. 결과를 얻기 위해서는 자신에게 가장 중요한 것, 최소한 그 순간만큼이라도 제일 소중한 것이 무엇인지 결정해야 한다. 그리고 자신의 힘을 활용하여 잘 완수함으로써 삶의 질을 높여 나가야 한다.

Section 5.

변화의 기술

습관 바꾸기가 부와 성공을 가른다

★

습관은 최고의 하인이거나
최악의 주인이거나, 둘 중 하나다.

나다니엘 에먼스 Nathaniel Emmons

★
122

누구도 나를 책임져줄 수 없다

나는 내게 사람들을 지속적으로 변화할 수 있도록 이끌어내는 능력이 있음을 자랑스럽게 생각해왔다. 그런데 어느날 아주 불쾌한 일이 있었다.

몇 년 전 담배 끊는 걸 도와주었던 한 남자가 내게 다가오더니 자기 주머니에서 담배를 꺼내며 이렇게 말했다. "당신은 실패했어요!" 나는 "무슨 말인가요?" 하고 물었다. 무슨 일이 일어난 건지 정말 궁금했다. "프로그램이 끝나고 2년 반 동안은 담배를 끊었습니다. 그러다 어느 날 심한 스트레스 때문에 한 번 피웠는데 그때부터 다시 피우고 있단 말이요. 이건 전적으로 당신 잘못이에요! 날 제대로 관리하지 않았잖습니까!"

정중한 대화는 아니었지만 나는 이 남자에게 놀라운 선물을 받았다. 그것은 바로 자신의 변화에 대한 책임은 자신이 직접 져야 한다는 사실을 상기시켜준 깨달음이었다. 그 누구도 나를 대신해 관리해주지 않는다. 스스로 자신을 관리해야 한다.

★
123

변화를 위한 핵심적인 믿음

스스로 이룬 것이 아니라면 어떤 변화든 일시적이다. 그 누구도, 무엇도 내 변화를 책임져줄 수는 없다.

특히 다음 3가지의 핵심적인 믿음은 꼭 기억해야 한다.

- 그것은 반드시 바뀐다. 바꾸겠다는 믿음만으로는 충분하지 않다.
- 내가 바꿔야 한다. 다른 사람의 코칭을 받을 순 있지만 책임은 나에게 있다.
- 바꿀 수 있다. 내가 경험하는 모든 것들은 모두 내가 만든 것이다. 그러므로 나는 바꿀 수 있다.

★
124

직관적인 반작용을 이용하라

변화를 일으키는 것은 과연 무엇인가? 변화는 신경계 안에서 어떤 경험과 연결된 감각을 바꿀 때 일어난다. 담배가 즐거움을 준다고 느끼는 한 벗어날 수 없다. 담배를 보며 역겨움을 느끼거나 죽음을 떠올릴 정도가 되어야 비로소 지속적인 변화가 일어난다. 부인하고 싶겠지만, 일반적으로 어떤 행동을 이끌어내는 것은 치밀한 이성적 계산이 아니라 직관적인 반작용이나. 많은 사람들이 초콜릿이 몸에 좋지 않은 걸 알면서도 여전히 즐겨 먹는다. 왜 그럴까? 이는 우리를 조정하는 것이 지식이 아니라 신경계에 연관된 고통, 쾌락 같은 것이기 때문이다. 결국 우리의 행동을 결정하는 것은 신경계 안에서 만들어진 연상이다.

★
125

습관 바꾸기가 실패하는 이유

습관을 고치려는 시도는 왜 자꾸 실패로 끝나는 걸까? 그것은 다이어트를 하거나, 마약을 끊거나, 신용카드를 해지하는 것처럼 문제의 증상만 다루기 때문이다. 증상이 아니라 근본적인 원인을 없애지 않으면 그 증상은 언제든 다시 고개를 들 수 있다.

내가 개발한 나크NAC, Neuro-Associative Conditioning™(신경연상체계 조절)는 지속적인 변화를 일으키기 위한 단순하지만 강력한 6단계 전략이다.

1. 진정으로 원하는 것이 무엇인지 분명하게 정하기 – 많은 사람들이 자신이 원치 않는 것에 집중한다.
2. 레버리지(지렛대) 원리 활용하기 – 반드시 변화를 만들어보자.
3. 부정적인 패턴 깨기 – 나를 붙잡고 있는 습관에서 벗어나기
4. 활기를 불어넣는 새로운 대안 만들기 – 행동이나 감정은 그냥 멈출 수 없다. 새로운 것으로 대체해야 한다.
5. 조절하기 – 새로운 대안이 습관으로 자리 잡을 때까지 조율한다.
6. 시험해보기 – 제대로 기능하는지 확인해본다.

★
126

문화적 최면에서 깨어나기

변화를 가로막는 것은 무엇일까? 우리의 개인적 · 문화적인 신념이 우리의 발목을 잡아끈다. 많은 사람들이 실패의 경험 때문에 자신이 변화를 이뤄낼 수 있다는 것을 믿지 않는다. 혹은 변화가 지루하고 고통스러운 과정이 될 것이라고 생각한다. 그런 것이 아니라면 왜 여전히 변화하지 못한 것일까? 더구나 수년 동안 끌어온 문제를 몇 분 안에 해결하려 들 때면 가족이나 친구들에게서 "그렇게 쉬운 일이라면 왜 우리가 너를 걱정하느라 많은 시간을 보냈겠냐?"라며 핀잔을 들어야 할지도 모른다.

이 모든 부정적인 반응 때문에 사람들이 변화의 진가를 알아보는 데 많은 시간이 필요했다. 이런 문화적 최면 상태에서 깨어나자. 그리고 새로운 행동이 새로운 결과를 만든다는 사실을 인지하자.

★
127

지금, 무엇이든 바꿀 수 있다

지금까지 우리는 습관, 신념, 감정 등 쉽게 바뀌는 것은 자신이 위선적이고, 변덕스럽고, 불안정하다는 의미라고 배워왔다. 반대로 한결 같다는 평을 듣는 사람들은 믿음직하고, 성실하고, 충실하다고 여겨졌다. 이런 생각은 우리로 하여금 현 상태를 유지하고, 사람들의 기대에 맞춰 행동하도록 압력을 가한다.

문제를 즉시 드러낼 수 있다면 해결책도 쉽고 빠르게 찾을 수 있다. 변화하는 데 많은 시간이 걸릴 것이라고 생각한 적이 있는가? 변화하는 데 정말 오래 걸렸는가? 아니면 이루고자 하는 변화의 포인트가 너무 먼 것은 아닌가?

빠른 변화를 이끌어내기 위해서는 제일 먼저, 지금 무엇이든 바꿀 수 있다는 신념을 가져야 한다.

내면을 가볍게 두드려보기

'난 아무런 문제가 없어. 망가진 데가 없으니 고칠 것도 없어.' 만약 스스로 이렇게 생각하고 있다면, 이는 뇌가 고통으로부터 스스로를 보호하려는 활동을 효과적으로 수행하고 있는 것이다. 그런데 이렇게 회피하려는 것도 고통을 낳는다. 만약 새로운 행동을 시작하려면 우리는 간단하게 개선하면 된다. 내 삶을 변화시키는 데 필요한 모든 것은 바로 내 안에 있다. 단지 가볍게 건드려 깨우면 될 뿐이다.

만약 행동, 감정 등 삶에서 더 개선하고자 하는 부분이 있다면 지금 당장 이를 확인할 수 있고 성취하는 데 도움을 줄 수 있는 나크•를 활용해보자. 다음 내용에서 나크에 관해 자세하게 다룰 것이다.

• 토니 로빈스가 개발한 지속적인 변화를 일으키기 위한 단순하지만 강력한 6단계 전략으로 나크NAC, Neuro-Associative Conditioning™(신경연상체계 조절)이라 부른다.

★
129

내가 진짜로 바라는 것

- 나크 마스터 스텝 1 -

내가 진짜 원하는 것이 무엇인지 결정하고, 그것을 방해하는 것이 무엇인지 확인하라. 초점을 맞추고 집중하면 무엇이든 찾을 수 있다. 원하지 않는 것에 매달리지 말고 정말 원하는 것을 분명히 표현하라. 막연하게 담배를 끊겠다는 목표 대신 예전보다 더 건강하고 생기 있게 활기찬 삶을 살겠다는 목표를 가져보자. 보다 구체적일수록 더 강력하면서도 빠르게 목표를 달성할 수 있다.

일단 무엇을 원하는지 정했다면, 변화하는 과정에서 예상되는 고통 등 눈앞의 장애물을 확인하자. 내가 원하는 것은 무엇인가? 무엇이 지금 나를 가로막고 있는가?

★
130

안주하고 싶은 유혹 뿌리치기

다친 사람들을 극진하게 치료하고 보살폈음에도 생각보다 빨리 낫지 않는 경우가 있다. 환자들이야 물론 어서 자리에서 일어나고 싶겠지만, 사랑과 관심 어린 보살핌을 받는 즐거움, 그리고 마음껏 쉴 수 있는 상황에 대한 안도감이 무의식적으로 회복을 늦추고 치료를 방해하기도 한다.

우리가 변화를 시도하다 보면 신체적 · 감정적 고통으로 인해 야기되는 이득을 얻는 경우가 있다. 이것을 이차적 이득secondary gain•이라고 한다. 이런 이차적 이득은 지속적인 변화를 막는 가장 큰 걸림돌이 된다.

꼭 바꿔야 할 어떤 행동을 하지 않음으로써 얻은 이차적 이득이 있는가? 한 번 생각해보자. 그 행동으로 인해 겪은 과거, 현재, 미래의 고통을 감안했을 때 그것이 과연 매력적인 이득일지도 다시 한 번 생각해보자.

• 신체적 · 정서적 장애로 인해 얻는 이득이나 장점을 말한다. 가령 관심의 대상이 된다거나 어떤 책임이나 의무를 회피할 수 있게 되는 것 등이다.

★
131

즉각적인 변화와 즐거움 연결시키기

- 나크 마스터 스텝 2 -

레버리지(지렛대)의 힘을 이용하라. 지금 변화하지 못하는 것에는 고통을, 즉각적인 변화에는 즐거움을 연결지어보자. 질문을 던져보자.

- 바꾸지 않으면 이 행동, 감정 때문에 어떤 대가를 치를까?
- 바꾸지 않으면 인생에서 무엇을 놓치게 될까?
- 바꾸지 못한 낡은 습관 때문에 정신적, 감정적, 신체적, 경제적으로 이미 치른 대가는 무엇인가?
- 이것이 내 일과 사랑하는 이에게 어떤 영향을 미칠 것인가?

각각의 대답을 머릿속에 생생하게 그려보고 지금 바로 바꾸면 얻을 수 있는 즐거움을 느껴보자.

- 변화한다면 어떤 느낌이 들고 어떤 추진력을 얻게 될 것인가?
- 가족과 친구들은 어떻게 느낄까?
- 나는 얼마나 행복해질까?
- 나 정도면 이런 이득을 누릴 자격이 있지 않은가?

★
132

절실한 이유를 지렛대로 만들기

그는 담배를 끊기 위해 거의 모든 방법을 동원했지만 소용이 없었다. 여섯 살 난 딸아이가 방에 들어와 울면서 "아빠, 죽지 마세요! 나 결혼할 때까지 아빠가 살아 있으면 좋겠어요!"라고 말하는 모습을 보기 전까지는 어떤 방법도 통하지 않았다. 담배 피운다고 아빠가 죽진 않는다고 아무리 설명해도 소용이 없었다. 그날 이후 그의 집에서 담배가 사라졌고, 그는 지금까지 금연을 실천하고 있다. 자기 자신의 고통은 변화를 일으키기에 역부족이어도, 이렇게 사랑하는 이가 느끼는 고통은 변화를 이끄는 강력한 지렛대가 되기도 한다.

변화를 시도했지만 실패했다면 이런 지렛대가 없었기 때문일지도 모른다. 변화가 꼭 필요한, 절실한 이유를 찾지 못하면 우리는 계속하여 변화를 미룬다. 하지만 올바른 지렛대가 되어줄 강력하고 충분한 이유를 찾는다면 실행할 수 있다.

★
133

더 고통스러운 것을 활용하기

살을 빼기 위한 확실한 방법을 원한다면 다음의 아이디어는 어떨까?

같이 살을 빼고 싶은 친구들을 모으고, 철저한 식이요법을 수행하고, 즐겁게 운동하겠다는 약속을 함께 해보자. 그리고 이 약속을 어길 시 개 사료 한 캔을 다 먹어야 한다거나 하는 규칙을 정하는 것이다.

이 이야기를 전해준 여성은 친구들과의 약속을 잊지 않기 위해 개 사료 캔을 눈에 잘 띄는 곳에 놓아두었다고 한다. 갑자기 배가 너무 고프다거나 운동을 하지 않았을 때는 개 사료 캔을 집어들고 상표를 읽었고, '말고기 덩어리' 같은 아주 입맛 당기는(!) 성분을 보면서 정신을 차렸다. 이런 방법 덕분에 그들은 큰 어려움 없이 목표를 달성할 수 있었다.

부정적인 패턴 끊어내기

- 나크 마스터 스텝 3 -

부정적인 패턴을 깨트려라. 방에 갇힌 파리를 본 적 있는가? 필사적으로 출구를 찾으려고 반복해서 가까운 창문에 몸을 부딪친다. 다른 길을 찾으려 하지 않고 말이다. 이 같은 행동을 하는 사람들도 있다. 동기부여가 되어 있다고 해도 잘못된 방법으로는 목표를 이룰 수 없다. 마치 배우자나 부모의 잔소리가 헛수고이거나 심지어 전혀 엉뚱한 결과를 불러오는 것처럼 말이다.

아무도 예상치 못한 행동으로 부정적인 패턴을 깨트려보자. 만약 잔소리를 했었다면, 그만 멈추고 무릎을 꿇은 다음 미소를 지어보라. 그런 다음 가까이 다가가서 껴안아주고 얼마나 사랑하는지 말해보자. 부정적 패턴을 깰 수 있는 재미있고, 즐거운 방법은 어떤 것이 있을지 한 번 찾아보자.

★
135

두 번 다시 반복하지 않겠다는 각오

새로운 생각, 감정, 행동의 패턴을 만들려면 먼저 낡은 패턴을 깨야 한다. 이해를 돕기 위해 CD 한 장을 떠올려보자. 그 CD를 틀 때마다 매번 같은 음악이 흘러나온다. 이는 CD에 눈에 보이지 않는 패턴이 새겨져 있기 때문이다.

CD 재생 중에는 다른 CD를 재생할 수 없듯이, 낡은 패턴이 있는 한 새로운 행동이나 감정의 패턴을 세우려 노력해봐야 시간 낭비다. 이제 낡은 패턴에 사로잡히지 말고, 할 수 있는 한 이상하고 신기하고 즐거운 일들을 최대한 동원해 그 패턴을 깨버리자. 다시는 듣고 싶지 않은 노래가 있다면 CD를 꺼내서 표면을 세게 긁어버려라. 두 번 다시 이런 노래는 듣지 않겠다는 각오로 말이다.

★
136

무의식적인 익숙함에서 벗어나기

행동이나 감정의 패턴을 바꾸기 어려운 이유는, 그것이 우리를 옭아매고 있기 때문이다. 한 연구자는 원숭이의 손가락을 앞뒤로 움직이게 한 다음 관찰 연구하여, 행동과 뇌 신경세포 사이의 관계를 증명해냈다. 손가락을 움직이는 동작을 반복할수록 연결고리는 더 강화되었다. 연구자가 원숭이의 손가락을 수백 번 넘게 움직였을 때 원숭이들은 좋든 싫든 신경회로를 형성했고, 이런 행동 양식에 익숙해진 원숭이들은 연구자가 손가락을 움직이지 않아도 저절로 손가락을 움직였다.

우리는 지금까지 분노를 조절하지 못하고, 병이 생길까 봐 걱정하고, 불안감을 느끼고, 알코올을 남용하게끔 길들여졌다. 이런 낡은 패턴을 버리고 반복 훈련으로 강화할 수 있는 긍정적인 반응은 무엇인지 생각해보자.

★
137

긍정적 패턴을 심는 훈련

당신의 삶을 형성하는 무의식적 패턴이 있는가? 예를 들어 많은 사람들이 매일 아침 출근하기 위해 같은 고속도로를 타고, 똑같은 출입구를 이용하는 등 같은 행동을 반복한다. 우리는 습관이 될 만큼 특정한 패턴으로 몸과 마음을 훈련시키고 있다. 만약 퇴근길에 평소와 다른 고속도로 출구로 빠져나와야 한다면 어떤 일이 벌어질까? 대부분의 사람들은 무의식적으로 나와야 하는 새로운 출구를 지나쳐버리고 만다.

삶의 다른 영역에서도 몸에 완전히 밴 감정이나 행동 패턴이 있다. 화를 내거나 실망하거나 당황하는 습관을 가지고 있는 사람을 아는가? 행복, 흥분, 유쾌한 기분을 느끼도록 스스로를 훈련해야 한다. 어려울 것 같지만 그렇지 않다. 재미있는 방식으로 낡은 감정 패턴을 깨버리고, 그것을 즐거운 감정으로 교체하는 일만큼이나 쉬운 일이다.

★
138

감정의 근육 단련하기

사용하지 않으면 결국 사라진다. 나를 옭아매는 낡은 패턴을 깨트리는 가장 쉬운 방법 중 하나는 그것에 빠지는 것을 피하는 것이다. 사용하지 않는 신경회로는 점점 퇴화한다. 하지만 이는 사용되지 않은 부정적인 용기와 긍정적인 용기 모두에 작용할 수 있기 때문에 주의해야 한다. 용기를 내지 않으면 약해지고, 몸에 배지 않은 헌신은 시들해지며, 표현하지 않은 열정은 사라지고 만다.

풍요롭고 영향력 있는 감정을 사용하려면 지금 당장 결심하자. 더 많이 사용할수록 더 강해진다. 좋은 결과를 만들고, 건강하고 준비된 상태를 유지하고 싶다면 감정의 근육을 단련하자.

★
139

반드시 새로운 것으로 대체하기

- 나크 마스터 스텝 4 -

새롭고 강력한 대안을 만들어보자. 약물중독 재활 프로그램에 대한 한 연구에서 재발율이 개인에 따라 다르다는 것을 발견했다. 외적 강요에 의해 약물을 끊은 사람들은 퇴원하자마자 다시 약물에 빠져들었다. 반면 내적 의지로 약물을 끊은 사람은 약 2년간 약물을 찾지 않았다. 그런데 종교에 의탁하거나 새로운 기술을 배우는 데 몰두한 사람들은 평균 8년간 문제없이 잘 견뎠고, 그중 대다수가 다시는 약물중독에 빠지지 않았다.

변화하려는 시도는 일시적인 것에 그치는 경우가 많다. 이는 고통에서 빠져나와 기쁨을 누릴 수 있는 대안을 찾는 데 실패하기 때문이다. 낡은 패턴은 단순히 제거하는 것만으로는 부족하고, 꼭 새로운 것으로 대체해야 한다.

지속적으로 조절하기

- 나크 마스터 스텝 5 -

새로운 패턴이 자리를 잡을 때까지 잘 조절하자. 오래전 피아노 조율사가 우리 집을 방문했을 때의 일이다. 조율이 끝나고 비용을 묻자 그는 다음에 오면 알려주겠다고 말했다. 내가 "그럼 아직 다 안 끝난 건가요?"라고 묻자 그는 다시 침착하게 대답했다. "피아노 줄은 아주 강합니다. 완벽한 수준으로 장력을 유지하려면 계속해서 조율해주어야 합니다."

이는 지속적인 변화를 만들어가기 위해 우리가 해야 할 일이기도 하다. 한 번으로 끝나는 것이 아니라 신경계를 계속하여 조절해야 한다. 그렇게 하지 않으면 에어로빅 수업에 한 번 참여해놓고는 "나는 평생 건강할 거야!"라고 말하는 것이나 다름없다.

★
141

즐거운 보상을 이용하기

원숭이의 손가락을 반복적으로 구부리는 것으로 신경회로가 형성되었다는 것을 밝힌 실험을 기억할 것이다.• 연구자들은 그 과정에서 원숭이를 흥분시키면 반복 횟수가 훨씬 적어도 신경회로를 강화할 수 있다는 사실을 입증해냈다.

새로운 행동을 연습할 때 설렘, 열정 등의 강렬한 느낌이 있으면 즐거움에 대한 신경계의 반응이 좀 더 빨라지고, 새로운 신경의 고속도로를 만들 수 있다. 그리고 이렇게 길들여지면 자연스럽게 새로운 경로(감정 · 행동 패턴)를 따르게 된다.

새로운 패턴을 실행할 때마다 즉각적으로 보상해줌으로써 이를 강화할 수 있다. 어떤 사고방식, 행동 패턴이든 꾸준하게 강화시키면 습관으로 자리 잡는다.

• 〈무의식적인 익숙함에서 벗어나기〉, 158페이지 참조.

★
142

실패하려고 해도 성공만 하는 힘

미국 프로농구팀 보스턴 셀틱스의 선수였던 래리 버드Larry Bird는 조절의 힘을 생생하게 보여주었다. 그는 한 음료 광고에 출연한 적이 있었다. 대본에는 그가 슛 하나를 실패하는 것으로 되어 있었다. 그는 연달아 9개의 슛을 넣고 나서야 슛 하나를 실패했다. 골을 넣는 데에 완전히 길들여져 있었기 때문에 오히려 실패하는 데 집중과 연습이 필요했던 것이다. 래리 버드의 머릿속에는 분명 골을 넣는 데 필요한 연속 동작이 신경회로로 이어져 있었을 것이다.

우리도 감정적으로 긴장감을 늦추지 않고 반복 훈련하면 어떤 행동이든 뜻대로 조절할 수 있다.

★
143

반사적 반응으로 길들이기

조절의 근본 원리는 어떤 패턴이든 꾸준히 강화시키면 조건화된 반응을 반사적으로 보인다는 것이다. 강화시키지 못한 것은 무엇이든 결국 사라진다. 자신이 원하는 긍정적 습관을 얻었을 때 스스로에게 어떤 보상을 해줄 것인지 생각해보고 조절 훈련을 시작하자.

★
144

훈련과 보상의 상관관계

닭에게 춤을 가르칠 수 있을까? 놀랍게도 가능하다. 인간을 포함하여 모든 동물이 행동에 변화를 줄 수 있기 때문이다.

조련사들은 우선 닭을 유심히 관찰하고 정해놓은 방향으로 닭이 움직일 때마다 모이를 주어 보상해주면서 그 행동을 강화시킨다. 닭은 처음에는 왜 모이를 주는지 알지 못하지만 정해진 방향으로 움직일 때마다 계속 보상을 받는다는 것을 알고, 결국 조련사가 원하는 방향으로 움직인다. 그리고 이렇게 이쪽저쪽으로 움직이는 것을 연결하면 춤이 된다.

물론 사람의 훈련 과정은 이보다는 훨씬 복잡하다. 학교나 직장에서 특정한 방식으로 행동하도록 훈련 받은 적이 있을 것이다. 이 훈련 원칙을 자신과 부하직원, 자녀들이 바람직한 습관을 형성하는 데 어떻게 활용할 수 있는지 생각해보자.

★
145

완벽한 타이밍으로 강화하기

효과적인 조절을 위해서는 완벽한 타이밍이 아주 중요하다. 내가 원하는 행동을 상대가 하는 순간 곧바로 조건화가 이루어져야 한다. 부정적이든 긍정적이든 행동을 강화하기 이전에 너무 많은 시간이 지체되면 신경계는 감각, 즉 반사적인 것이 아닌 인지적인 것으로 연결된다.

예를 들어 장애인 주차구역에 주차하는 사람은 범칙금 고지서를 발부받고 벌금을 내게 되므로 결국 고통스러울 것이다. 하지만 몇 주 동안 단속당하지 않았다면 불법 주차와 고통을 연결하지 않게 된다. 만일 장애인 주차 구역에 주차할 시 곧바로 차가 폭발해버린다면, 그들의 행동 패턴도 즉시 깨질 것이다.

146

보상 목록 작성하기

먼저 올바른 일을 해냈을 때 스스로에게 선사할 보상 목록을 작성해보자. 이 중 하나를 활용해 의식적으로 자신을 강화시키는 특정한 상황을 만들어보자.

기억하라. 일관된 강화는 새로운 행동 패턴을 자리 잡도록 할 때 아주 중요하다. 언제든 스스로 원하는 행동을 했을 때 즉각적으로 자신에게 보상을 해주어야 한다. 예를 들면 과식하기 전에 식탁에서 일어났다거나, 누군가 담배를 권할 때 거절했다면 보상 목록 중 하나를 골라 스스로에게 선물해보자.

★
147

궁극적 보상은 자발적인 동기

조련사들은 돌고래가 점프할 때마다 먹이를 주면, 얼마 지나지 않아 먹이 없이는 점프하지 않는다는 사실을 알고 있다. 심지어 배가 부르면 아예 점프할 마음조차 갖지 않는다.

사실 사람도 크게 다르지 않다. 자녀, 조직 구성원, 우리가 알고 있는 누구라도 마찬가지다. 누군가에게 매번 보상하면 곧 그 보상의 효과는 떨어진다. 일단 어떤 행동 패턴이 만들어지면 상황에 따라 간헐적으로 보상해주는 것이 패턴을 유지하는 데 훨씬 더 효과적이다. 새로운 행동에 대해 한 달 정도만 계속 보상하고 그 후에는 횟수와 강도를 점차 줄여나가라. 대신 자발적인 동기를 북돋아주자.

★
148

간헐적 강화 예방하기

상황에 따라 변화를 주는 간헐적 강화는 가장 강력한 조절 도구다. 예를 들어 도박을 생각해보자. 처음 돈을 땄을 때는 흥분하지만 매번 돈을 딴다면 그냥 반복적인 일이 될 뿐이다. 이처럼 보상을 받을지 받지 못할지 모르는 불확실성이 만들어내는 드라마는 보상을 받는 순간의 기쁨을 증폭시키고 신경계를 흥분시킨다. 바로 그 순간 때문에 사람들이 중독되는 것이다. 담배도 마찬가지다. 담배를 끊은 사람이 스스로 딱 한 개비의 보상을 주면 간헐적 강화로 인해 중독이 더 심화될 수 있다. 무슨 수를 쓰든 이런 실수는 반드시 막아야 한다.

★
149

변화를 지속시키는 기술

변화를 지속시키기 위해선 다음의 2가지 기술을 결합시키는 것이 가장 효과적이다.

1. 특정한 행동에 대해 정해진 주기로 스스로에게 보상해주기.
   이를 '주기적 강화'라고 한다. 예를 들어 10회 연속 점프하도록 훈련을 받는 돌고래는 매번 마지막 10번째 점프 후에 보상을 받는다. 하지만 돌고래가 10번째 점프만 높이 뛰려고 하지 않도록 가끔 중간에도 보상을 해준다. 그렇게 하면 돌고래는 보상에 대한 기대감으로 매번 높이 점프를 한다.
2. 어떤 행동을 효과적으로 강화시키려면 특별한 노력에 대해 놀랄 만한 보상을 주자.
   직장에서 뜻밖의 보너스를 받았을 때 얼마나 기뻤는지 되돌아보자. 학교에서 칭찬 받았을 때, 연인과 깜짝 주말여행을 떠났 때와 같은 감정을 느낄 수 있도록 해보자.

★
150

때론 실패에도 특별한 보상해주기

돌고래든 사람이든 특별 보상은 가장 효과적인 훈련 도구 중 하나다. 조련사는 돌고래가 점프를 잘하지 못해도 생선을 던져주는데 이러한 특별 보상은 오히려 돌고래가 다시 점프를 시작하도록 자극한다.

아주 지쳤을 때 필요한 것은 특별 보상이다. 이는 아무 일도 하고 싶지 않은 이들에게 효과적인 방법이다. 하지만 무기력한 행동 패턴을 끊어내고, 다시 시작할 수 있도록 독려하는 정도면 충분하다. 중요한 것은 기대했던 것보다 더 많은 보상을 해줬을 때 사람들은 더 비범한 노력을 하게 되고 특별한 결과를 만들어낸다는 것이다.

오늘 이런 특별 보상이 필요한 사람이 없는지 한 번 살펴보고 그들에게 멋진 보상을 해주자.

★
151

끊임없이 시험해보기

- 나크 마스터 스텝 6 -

지금까지 우리는 자신의 습관을 긍정적으로 바꾸기 위해 신경회로를 재구축하는 방법을 익혔다. 나크 1단계부터 5단계까지 잘 수행해왔는지 확인하기 위해 다음의 목록에 따라 스스로 점검해보자.

1. 감정이나 행동의 낡은 패턴을 생각할 때 즉각적으로 연결되는 고통이 있는지 확인해보자.
2. 새로운 패턴을 즐거움과 잘 연결시켰는지 확인해보자. 새로운 감정이나 행동에 대해 생각할 때 고통 대신 즐거움을 느끼고 있는가?
3. 이 새로운 패턴이 자신이 원하는 삶의 방식과 일치하는지 확인해보자. 나의 목표, 믿음, 인생철학과 보조를 맞추고 있는가?
4. 낡은 패턴에서 얻을 수 있었던 이익을 지금도 얻고 있는지 점검해보자. 예를 들어 마음을 가라앉히거나 스트레스를 풀기 위해 담배를 피웠다면, 담배를 대체할 새로운 대안을 마련했는지 살펴보자. 낡은 패턴에서 얻을 수 있었던 즐거움을 새로

운 패턴을 통해서도 얻고 있는지 확인해보자.

5. 이 새로운 방식으로 행동하는 미래의 나를 상상해보자. 낡은 습관에 빠지게 만드는 것이 무엇인지 마음속으로 그려보자. 그리고 스스로 새로운 패턴을 무의식적으로 활용하게 될 것이라는 점을 마음에 새기자.

Section 6.

성공을 부르는 말, 실패를 부르는 말

말이 바뀌면 생각과 행동이 달라진다

★

말은 경험을 엮은 실이 된다.

올더스 헉슬리 Aldous Huxley

★
152

건설적인 말, 파괴하는 말

훌륭한 연설을 듣고 깊이 감동한 적이 있는가? 존 케네디, 윈스턴 처칠, 마틴 루터 킹 주니어의 주옥같은 연설문을 기억하는가? 이들의 말은 개인은 물론 전 세계에 영향을 미쳤으며 사후에도 여전히 사람들을 감동시키며 영향력이 지속되고 있다.

습관적으로 사용하는 말이 스스로를 격려할 수도, 힘을 빼버릴 수도 있다는 것을 생각해보지 않을 수 없다. 지금 사용하는 말은 건설적인가, 아니면 파괴적인가? 희망과 절망 중 어떤 감정을 불러일으키는가?

우리가 할 수 있는 가장 위대한 발견 중 하나는, 감정을 표현하는 단어를 의식적으로 선택하는 것만으로도 우리의 경험을 즉시 바꿀 수 있는 힘이 있다는 것이다.

★
153

즉각적인 동요를 일으키는 말

말에는 전쟁을 일으키거나 평화를 이끌어내고, 관계를 깨뜨리거나 강화시키는 힘이 있다. 무언가에 대해 어떻게 느끼는지 결정하는 것은 우리가 그것에 부여하는 의미다. 상황을 표현하기 위해 의식적 · 무의식적으로 선택한 단어는, 우리가 느끼는 의미나 감정을 즉시 바꿔놓는다.

예를 들어 어떤 사건을 "처참하다"고 표현할 때와 그저 "실망스럽다"고 표현했을 때의 느낌은 아주 다르지 않을까? 어떤 문제에 직면했을 때 "큰 문제가 있다"고 하는 것과 "작은 도전에 부딪혔다"고 하는 것은 다른 느낌이지 않을까? 자신의 신념을 이야기했을 때 상대가 "그것은 틀렸어!"라고 말한다면 어떨까? 심지어 "당신은 거짓말쟁이군!"이라고 말한다면 어떻겠는가? 이런 표현들이 어떤 상호작용을 할지 한 번 생각해보자.

★
154

감정을 조절하는 말

몇 년 전 내 인생을 완전히 변화시킨 중요한 일이 있었다. 두 명의 동료와 업무회의를 하던 도중 부정적인 결과를 야기할 만한 소식을 전달받았다. 우리 세 사람은 모두 같은 내용을 들었지만 이를 받아들이는 감정의 강도는 각각 달랐고, 또한 이를 표현하는 방식도 모두 달랐다.

나는 "화가 난다"고 했는데, 한 동료는 "분노가 치민다"라고 했고, 다른 동료는 "그냥 좀 약오르네"라고 했다. 나는 '약오른다'는 단어를 듣고 '이 상황에 고작 약이 오른다고? 참 어울리지 않는다'라고 생각했다.

그때 나는 그런 감정을 느끼지도 않았을 뿐 아니라 감정을 표현하기 위해 그런 말을 사용하지 않았다는 데 생각이 미쳤다. 그러자 흥미로웠고, 궁금해졌다. 혹시 새로운 단어를 찾아 사용하면 감정 패턴도 바꿀 수 있지 않을까?

★
155

부정적 감정을 순화할 단어 찾기

동료의 "그냥 좀 약오르네"라는 말에 놀랐던 나는 그 이후 열흘간 보통의 경우라면 "화가 난다", "미치겠네"라고 말할 만한 상황에서 '약오른다'는 단어를 써보았다. 결과는 놀라웠다. 습관적으로 쓰던 단어만 바꿨을 뿐인데 내가 느끼는 부정적 감정의 강도가 약해졌다. 그저 "이것 때문에 약올라" 하고 말했더니 내 감정 패턴이 깨져버렸다. 나는 곧 다른 단어들을 시험해보기 시작했다. "지금 나 살짝 삐질 것 같은데." 나를 화나게 만든 사람의 얼굴을 똑바로 쳐다보면서 태연한 표정으로 이렇게 말하는 내 모습을 한 번 상상해보라. 생각만으로도 재밌지 않은가?

부정적인 감정을 표현할 때 내가 습관적으로 사용하는 단어를 떠올려보자. 그런 다음 기존의 패턴을 깨뜨리고 감정을 누그러뜨릴 수 있는 다른 말을 찾아보자.

★
156

감정의 강도를 조절하는 변형 어휘

어떤 경험에 대해 평소와 다른 단어를 사용한다는 것은 우리가 그 단어에 새로운 의미를 부여하는 것이다. 이는 인체의 다른 생화학적 버튼을 누르는 것과 같다. 인지적인 면이 아니라 어떻게 느끼는지 감정적인 면이 변화하는 것이다.

말은 기폭 장치와 같다. 잘 이해가 되지 않는다면 이런 상상을 해보자. 누가 당신에게 추잡한 욕을 퍼붓고 있다면 어떨까? 아마도 당신은 정서적으로 화가 날 것이고, 호흡이 가빠지는 신체적 변화도 겪게 될 것이다. 이때 평소와 다른 단어를 사용하면 어떨까? '아 진짜 화나!' 말고 '약올라' 같은 것 말이다. 아마 정서적, 신체적 변화 모두 강도가 약해질 것이다.

이렇게 즉시 감정을 바꾸고 그 강도를 조절하는 힘을 가진 단어를 변형 어휘transformational vocabulary라고 부른다. 생각하고 느끼고 행동하는 방식을 즉시 바꾸려면 습관적으로 쓰는 단어들, 즉 감정을 표현할 때 늘 사용하는 단어들을 바꿔보자. 이는 우리의 삶을 즉각적으로 변화시키는 단순하면서도 효과적인 방법이다.

★
157

좀 더 다양한 어휘로 표현하기

우리는 대개 삶의 경험을 표현하는 단어를 무의식적으로 선택하여 사용한다. 감정을 표현하는 단어를 선택할 때도 자신이나 다른 이들에게 어떤 영향을 미칠 것인지 전혀 고려하지 않고 사용한다. 이렇게 우리가 무의식적으로 사용하는 단어는 일상의 언어가 되고, 삶에 대한 자신의 감정을 실제로 규정해버린다.

예를 들어 사람들은 어떤 불쾌한 경험에 대해 말할 때 '굴욕적이다'라거나 '우울하다'라고 말한다. 이런 말을 하면 듣는 사람도 굴욕감, 우울을 느끼게 된다. 직접 상대에게 한 번 물어보라. 분명 그럴 것이다. 거의 모든 일에 굴욕, 우울이라는 단어를 결합시킴으로써 다른 이들까지 그런 감정을 느끼게 만든다는 의미다.

스스로 선택한 단어가 자신이 원하는 바람직한 감정 상태를 만든다. 그러니 감정을 나타내는 어휘의 폭을 넓혀보자.

★
158

내 말은 곧 내 경험이다

삶의 경험을 형성하는 데 있어서 언어는 어떤 역할을 할까? 언어는 가장 필수적인 핵심 요소다. 자신의 경험을 어떤 말로 표현하느냐에 따라 우리 삶도 달라진다. 그 말이 실제 우리의 경험이 되기 때문이다.

★
159

가장 강력한 영향을 미치는 말은 무엇인가

마크 트웨인Mark Twain은 이렇게 말했다.

"올바른 말은 유능한 대리인이다. 우리가 적절한 말을 할 때마다 정신적, 육체적으로 강력한 영향을 미친다."

자신에게 가장 강력한 영향을 주는 말은 무엇인가? 애칭, 욕설, 감탄, 과장 중 무엇인지 생각해보자.

160

습관적으로 사용하는 감정 어휘

일반적으로 사람들이 사용하는 단어는 3,000~4,000개 정도다. 세계에서 가장 많이 사용되는 언어인 영어의 단어가 50만~75만 개라는 것을 감안하면 우리가 쓰는 단어는 겨우 전체의 2퍼센트 수준인 셈이다. 게다가 대부분의 사람들이 자신의 감정을 표현하는 데 12개 정도의 단어만 반복적으로 사용하며, 많아도 20개 정도밖에 안 된다고 한다. 더구나 그중 거의 절반 이상은 부정적 단어다.

당신이 감정을 설명할 때 습관적으로 사용하는 단어는 몇 개인가? 지금 한 번 종이에 적어보자. 그리고 그 수를 점차 늘려가 보자.

★
161

두려움을 기대와 흥분으로 바꾸기

대중 앞에서 말할 때 심하게 긴장해본 적이 있는가? 위경련이 일어날 만큼 예민해지고, 호흡이 가빠지거나 맥박이 빨라지거나 손이 떨리진 않았는가? 가수 칼리 사이먼Carly Simon도 이런 증상 때문에 수년 동안 라이브 무대에 서지 못했다. 반면 비슷한 증상이 있던 가수들 중엔 이런 몸의 반응을 자신에게 도움이 되는 방향으로 활용한 이들도 있었다. 브루스 스프링스틴Bruce Springsteen은 이러한 증상을 흥분, 설렘의 표출이라고 생각하고 공연을 준비하는 데 필요한 자연스럽고 유익한 것으로 받아들였다. 이러한 감각은 자신이 수많은 관중과 만나 함께 나눌 위대한 경험을 앞두고 있다는 것을 상기시켜 주었다. 그에게 있어서 빠르게 뛰는 맥박은 적이 아니라 동지고 친구였다.

만약 이목이 집중된 자리에 다시 서야 한다면 이 자극을 두려움이라고 생각하지 말고 기대와 흥분으로 받아들여 보자.

★
162

말이 건강까지 좌우한다

일단 무언가에 의미를 부여하면 그에 부합하는 감정을 만들어가게 된다. 이는 질병과 관련된 예를 보면 가장 명확하게 드러난다. 암이나 심장병이라는 진단은 환자에게 공포감을 유발하여 우울감과 무기력증을 불러일으키고, 면역력까지 저하시킨다고 한다. 반대로 환자에게 병명을 알려주는 대신 정확한 증상에 대해 설명하고, 건강해지기 위해 어떻게 해야 하는지 이해시키면 면역력이 회복된다는 연구결과도 있다.

노먼 커즌스Norman Cousins 박사는 삶에 큰 영향을 미치는 변형어휘가 정말 중요하다며 이렇게 말한다. "말은 우리를 병들게 할 수도 있고 죽일 수도 있다. 현명한 의사라면 환자에게 할 말을 신중하게 결정해야 한다."

자신의 건강 상태를 설명할 때 어떤 말을 사용할지 신중하게 선택하자.

★
163

성공한 사람은 어떻게 말하는가

사용하는 어휘가 빈약한 사람들은 감정적으로도 궁핍한 삶을 산다. 반면 풍부한 어휘를 사용하는 사람들은 자신뿐 아니라 다른 이들의 삶의 경험까지 그릴 수 있는 다양한 색의 물감이 담긴 팔레트를 지니고 있다.

자신이 가지고 있는 감정의 물감을 추가하려면 어떻게 해야 할까? 일상적 언어에 추가할 수 있는 긍정적이고, 감정을 고무시킬 수 있는 단어는 어떤 것이 있을까? 이 단어들을 계속 사용하면 삶이 얼마나 더 즐거워질까?

주위에 남달리 더 행복하거나 열정적인 삶을 사는 사람이 있는가? 그들이 어떤 말을 자주 쓰는지 살펴보자. 그들이 자기 삶의 경험을 표현하기 위해 사용하는 단어는 어떤 것이 있는지 생각해보고, 그들의 긍정적인 사고 패턴 중에서 내게 도움이 될 만한 것이 무엇인지 생각해보자.

★
164

웃음을 주는 단어 찾기

내가 일상적으로 사용하는 단어 중 내 활력을 빼앗아가는 단어 대신 더욱 활기를 불어넣어주는 단어로 대체하기 위해 변형 어휘를 사용해보자. 다음과 같이 실행해보자.

- 기분이 나쁠 때 자주 사용하는 단어 3가지를 적어보자.
- 미친 사람처럼 보인다 해도 항상 즐거운 상태를 유지하자.

그리고 낡은 패턴을 깨트리거나 최소한 감정의 강도를 완화할 수 있는 새로운 단어를 찾아보자. 좀 황당하고, 어이없거나 부적합한 단어라도 상관없다. 즉각 즐거워질 수 있는 단어면 충분하다. '화난다'는 단어를 '약올라', '삐졌어'로 바꾸면 감정의 강도가 훨씬 줄어든다. 잔뜩 화난 얼굴로 "나, 삐졌어"라고 말하는 사람은 없지 않은가.

★
165

화를 가라앉히는 말

수식어와 부드러운 표현을 사용하여 부정적인 감정의 강도를 낮출 수 있다. '화난다'를 '삐졌다'로 바꿔 말하는 것처럼 "약간 약올라", "그냥 좀 기분이 처지네", "그냥 좀 그래", "좀 불편하지 않아?"와 같은 말로 바꿔보자.

166

아이의 미래를 바꾸는 말

자녀들과 어떻게 대화하는가? 우리는 가끔 무심코 내뱉는 말이 아이들에게 어떤 영향을 주는지 깨닫지 못한다. "이 한심한 녀석", "조용하지 못해?" 등 아이의 자존감을 손상시킬 수 있는 말 대신 유머를 사용해 자녀의 행동을 교정할 수 있다. 예를 들어 웃으면서 "계속 이렇게 하면 나도 떼쓸 거야"라고 말해보면 어떨까. 아이의 태도를 바꾸고, 적절한 대화와 행동으로 교정해주는 말을 해보자. 그런 다음 "네가 지금과 다르게 행동하면 진짜 원하는 대로 될 거야"라고 암시를 해주자.

★
167

언어습관을 바꾸려면 도움을 구하라

변형 어휘를 일상적으로 사용하려면 어떻게 해야 할까? 다음은 이를 위한 지렛대 원리다.

- 친구 3명에게 습관적으로 사용해온 말 중에 버리고 싶은 단어, 그리고 새롭게 쓰고 싶은 단어가 무엇인지 이야기해주고 도움을 구하라.
- 그다음 10일간 자신을 관찰하라. 안 쓰기로 한 말을 사용했다면 즉각 새로운 단어로 바꾸자. 자연스럽게 새로운 단어를 사용했다면 그때 즉시 스스로에게 보상을 해주자.
- 훈련을 계속할 수 있도록 친구들에게 도움을 받아라. 버리고자 한 단어를 사용할 때마다 친구들이 지적해주고 고쳐주도록 도움을 요청하자.

★

168

부정적 감정도 의미가 있다

부정적인 감정은 항상 억눌러야 하는 것일까? 물론 그렇지 않다. 인간의 모든 감정은 제각각 역할이 있다. 예를 들어 변화를 일으키기 위해 충분히 화를 내야 할 때도 있다. 그러나 부당하거나 불필요하거나 부적당하다고 느낀다고 해서 처음부터 부정적인 감정을 표출해야 한다는 것은 아니다. 단, 지속적으로 고통을 줄이고 즐거움을 극대화하는 것을 목표로 삼아야 한다.

★
169

긍정적 감정 느끼기 훈련

변형 어휘는 고통의 패턴을 깰 수 있도록 도와줄 뿐 아니라 즐거움을 증폭시킨다. 다음 훈련을 통해 긍정적인 감정을 느끼는 경험에 집중해보자.

- 긍정적 상태를 표현할 때 주로 쓰는 단어나 문구를 3가지 적어보자. 큰 감흥이 없는가?
- 자신을 열광시키는 단어, 문구를 3가지 떠올려라.
- 내가 새로운 기준을 잘 따르고 있는지 점검해줄 수 있는 3명의 친구들에게 도움을 청하자. 예를 들면 "재미있어?", "정말 멈출 수 없어?", "그것이 정말 널 행복하거나, 활기차게 해주니?"와 같은 질문을 던져줄 친구 말이다. 이렇게 10일간 스스로를 끌어올릴 수 있다면 앞으로 새로운 단어들을 효과적으로 사용할 수 있을 것이다.

★
170

감정을 강화하는 비유

말은 우리의 감정에 큰 영향을 준다. 특히 비유와 같은 특별한 단어의 조합은 아주 강력한 영향을 미친다. 예를 들어 "존에게 너무 화가 나"라는 말을 할 때 비유를 써서 "존이 내 뒤통수를 쳤어!"라고 표현할 수도 있다. 어느 쪽이 더 강렬한가? 당연히 후자가 더 자극적으로 느껴질 것이다.

비유는 실제 경험을 그대로 묘사하는 것이 아니라 비슷한 느낌을 주는 다른 것을 빌어 표현하는 것이다. 이런 비유는 실제보다 훨씬 더 강하게 느껴진다. 존이 무슨 잘못을 한 걸까? 약속을 어긴 것일 수도 있다. 하지만 이를 "내 뒤통수를 쳤다"라고 표현하면 차원이 달라진다.

스스로를 한 번 돌아보자. 고통스러운 좌절의 경험에 대해 말할 때 어떤 비유적 표현을 자주 쓰는가?

★
171

비유는 더 깊은 이해를 이끈다

배움은 우리가 이미 알고 있는 것과 새로운 사실 사이의 관계를 형성하는 과정이다. 비유를 활용하는 것도 이러한 배움의 한 방법이다.

사람들은 종교와 상관없이 예수 그리스도가 뛰어난 지도자였다는 사실에 대부분 동의한다. 그의 설교에는 항상 비유가 등장한다. 그가 어부에게 다가가서 한 말은 "사람을 낚는 어부가 되어라"였다. "나가서 그리스도인을 모집하라"고 하지 않았다. 어부들이 이미 알고 있는 '낚시'를 비유적으로 사용하여 '복음을 전하는' 새로운 아이디어를 연관지어 어부들에게 가르친 것이다. 비유는 잘 이해하지 못하는 것을 분명하게 이해하는 데 도움이 된다. 마치 당신을 오해의 어둠에서 명료한 빛으로 구해줄 수 있다. 그러니 무언가 잘 모르겠거나 이해가 안 된다면 "그것은 무엇과 같죠? 비유해서 설명해주시겠어요?"라고 청해보자.

관점을 형성하는 포괄적 비유

우리는 생활 속에서 계속 비유를 사용한다. 비유로 인생을 묘사하고, 삶의 관점을 그려낸다. 예를 들어 "인생이란 무엇인가? 무엇에 비유할 수 있을까?"라는 질문을 받으면 "인생은 전쟁이에요"라고 할 수도 있고 게임, 시험, 혹은 춤이라고 할 수도 있다. 이런 비유는 삶의 여러 부분에 영향을 미치기 때문에 포괄적 비유라고 부른다.

예를 들어 '인생이 전쟁'이라는 관점에서 모든 것을 바라보면 어떻게 될까? 인생은 힘겨운 과정이 된다. 패배할 수도 있고, 죽을 수도 있으며, 길에서 만난 사람이 적이 될 수도 있다. 한편 인생이 게임이라면 어떨까? 정말 재미있을 것이다. 인생이 춤이라면 자연스럽게 리듬을 타게 되지 않을까?

이렇게 포괄적 비유는 인생의 관점을 만든다. 자신이 사용하는 포괄적 비유는 무엇인가?

★
173

인생의 의미를 담은 나만의 리스트

내게 맞는 '올바른 비유'는 무엇일까? 모든 비유는 여러 경우에 유용하게 쓰인다. 어떤 때는 즐거운 삶을 위해 '삶은 게임'이라고 비유할 필요가 있고, 어떤 때는 친구, 가족, 혹은 기회와 같은 내가 받은 축복에 감사하기 위해 '삶은 성지순례'라고 비유하기도 한다. 힘든 상황에 직면해 있는 경우라면, 인생을 시험이나 도전에 비유하는 것도 좋다.

인생을 어디에 비유하느냐에 따라 상황에 반응하는 방식도 완전히 달라진다. 인생이 어떤 의미인지 설명하는 데 사용할 수 있는 또 다른 긍정적인 비유에는 어떤 것들이 있을까? 인생이 당신에게 진정으로 의미하는 것은 무엇일까? 나만의 리스트를 만들어 보자.

★
174

즐거운 삶을 위한 비유

"물 위로 떠오르기 위해서 발버둥치고 있다"라고 말하지 않고 "성공의 사다리를 오르고 있다"고 말하면서 도전을 극복하려 한다면 스트레스지수에 어떤 변화가 생길까? 시험을 볼 때 '망칠 것'을 걱정하기보다 '항해'라고 생각하면 시험에 대한 인식이 달라지지 않을까? 시간이 '기어간다'라고 말하지 않고 '날아간다'라고 말한다면 시간에 대한 인식이 달라지지 않을까? 분명 그럴 것이다.

매일 하는 일을 무엇에 비유하는가? 그 비유가 어떤 느낌을 주는가? 삶을 더 즐겁고 능동적으로 만들기 위해 사용할 수 있는 새로운 비유는 어떤 것이 있을까?

★
175

스스로 희망을 찾아가기

적절한 비유는 우리에게 희망을 선사한다. 세상이 온통 암흑일 때 “정말이지 터널이 끝나지 않을 거 같아”라고 말한다. 이 대신 “인생에도 계절이 있잖아. 난 지금 겨울을 지나고 있을 뿐이야”라고 표현을 바꿔볼 수 있지 않을까?
잊지 말자. 겨울이 왔을 때 춥다고 웅크리는 사람이 있는가 하면 스키를 타는 사람도 있다. 밤이 지나면 아침이 되듯, 겨울이 지나면 언제나 봄이 찾아온다. 따뜻한 햇살 아래 사람들은 새로운 씨앗을 뿌리고, 여름이 지나고 가을이 오면 수확의 기쁨을 누릴 수 있다.
모든 일이 계획대로 착착 진행되는 것은 아니지만, 계절이 순환하듯 우리의 삶도 결국에는 뿌린 대로 거두게 된다.

★
176

벽에 부딪혔을 때 비유 바꾸기

무언가 자신의 발목을 잡고 있는 것 같다면, 앞을 가로막는 벽이 있는 것 같다면, 자신이 사용하고 있는 비유를 살펴보자. 우리는 종종 자신의 잠재력을 사용하지 못하도록 방해하는 비유를 사용하곤 한다. 자신을 가로막는 보이지 않는 무언가에 맞서는 것은 쉬운 일이 아니다.

하지만 그 비유를 선택한 건 자기 자신이므로 얼마든지 쉽게 다른 비유로 바꿀 수 있다. 벽에 부딪혔다고 느껴진다면 구멍을 뚫어버려라. 아니면 그것을 넘어가거나 그 밑에 터널을 뚫어버려라. 문을 열고 걸어나가든 장벽을 디딤돌로 삼든 비유를 바꾸면 사실상 모든 것을 다루는 방식이 바뀔 것이다. 어디에 비유하느냐에 따라 문제를 다루는 태도도 달라진다.

★
177

포기할 줄 모르는 삶

석공의 비유는 인내와 끈기가 얼마나 중요한지를 잘 보여준다. 석공은 어떻게 거대한 바위를 깰까? 한두 번 쳐서는 표시도 안 나는 바위를 그들은 수백 번이고 수천 번이고 계속 내려친다.
심지어 그 행동이 어리석어 보이는 순간에도 포기하지 않고 끈기 있게 계속 내려친다. 당장 결과가 나오지 않는다고 해도 실패로 여기지 않고 계속해서 바위를 친다. 그리고 마침내 바위는 일순간 두 조각으로 쪼개진다. 마지막 한 방으로 바위가 쪼개진 것은 물론 아니다. 바위에 끊임없이 힘을 가한 결과다.
열정적인 끈기를 보여주는 석공의 비유를 우리의 삶 어느 부분에 적용해볼 수 있을지 생각해보자.

★
178

새로운 포괄적 비유가 필요한 순간

포괄적인 비유 가운데 한 가지만 바뀌어도 삶을 바라보는 인식이 바뀔 수 있다. 한 세미나의 참석자 가운데 모든 게 다 불만스러운 여성이 있었다. 방이 너무 덥다 춥다, 앞자리 사람의 키가 너무 커서 안 보인다는 등 불만을 늘어놨다. 모두가 그녀를 눈엣가시로 생각했지만 모든 행동에는 원인이 되는 신념이 있다는 것을 알고 있었기에 그녀의 불만을 만든 신념과 비유를 찾아보았다. 그리고 마침내 그녀가 "작은 구멍이 배를 침몰시킨다"라고 믿고 있다는 것을 찾았다. 작은 고장 하나 때문에 배 전체가 가라앉는다고 생각한다면 정말 불안하지 않을까?

그녀는 이 비유를 새로운 포괄적 비유로 대체했고, 그 덕분에 180도 달라졌으며 사람들과도 잘 어울리게 되었다.

지금 사용하고 있는 포괄적 비유 가운데 혹시 삶 전체를 가라앉힐 수도 있는 것이 없는지 살펴보자.

★
179

상황에 적합한 비유 찾기

어떤 맥락에서는 적절한 비유가 또 다른 맥락에서는 부적절할 수도 있다. 지인 중에 아주 무심한 성격을 가진 사람이 있었다. 심지어 가족들과도 유대감이 별로 없었다. 그는 감정을 잘 드러내지 않았고 항상 감정을 잘 다스리는 듯했다. 그의 삶이 어땠을지 생각해보라.

사실 그는 항공교통 관제사였다. 직업상 그는 조종사들이 당황하지 않도록 위기 상황에서도 냉정하고 침착함을 유지해야 했다. 하지만 관제탑에서는 최고의 덕목인 그 태도가 집에서는 통하지 않았다.

이렇게 어떤 때는 적합한 것이 어떤 때는 맞지 않는다. 삶의 비유도 마찬가지다. 상황에 맞춰 비유를 바꿔야 한다.

★
180

삶을 바꾸는 비유에 익숙해지기

다음 훈련을 통해 자신의 비유를 발견하고 조정해보자.

- 살아오면서 사용했던 인생에 대한 비유를 몇 가지 써보자. 목록을 다시 한 번 살펴보고 질문해보자. "인생이 이 비유와 같다면 어떤 기분일까?", "이 비유가 가져다주는 혜택과 불이익은 무엇인가?"
- 일이나 인간관계 등 삶의 중요한 부분과 관련된 비유를 적어보자. 이 비유들이 힘을 주는가 아니면 그 반대인가? 힘을 뺏는 비유라면 다른 것으로 대체해야 한다.
- 내 삶과 관심 분야에서 더 용기를 북돋아줄 수 있는 새로운 비유를 찾아보자.
- 앞으로 한 달 동안 이 새로운 비유를 생각하고 끊임없이 되새겨보자.

★
181

다른 이를 돕는 말

비유는 남을 돕는 방법이 되기도 한다. 아들 조쉬가 여섯 살 되던 해, 아들의 친구 한 명이 하늘나라로 떠났다. 나는 울면서 집에 들어오는 아이에게 말했다. "조쉬, 네 기분이 어떤지 안단다. 하지만 사실은 너만 아직 애벌레인 거야!" 이렇게 비유로 아이의 감정을 끊어주었다. 그런 다음 다시 설명을 이어갔다. "애벌레가 고치에 둘러싸여 있을 때 마치 죽은 것처럼 보이지. 하지만 사실 그 안에서 무슨 일이 일어나고 있지?"

조쉬는 답했다. "나비로 변하고 있어요!"

나는 아이에게 덧붙였다. "맞아, 완전히 새로운 인생이 시작되는 거지! 조쉬는 친구를 다시 볼 수는 없어. 전보다 더 아름답고 좋은 곳으로 날아가버렸거든. 우리가 나비가 되면 만날 수 있겠지. 하지만 언제 나비가 될지는 하느님만이 아신단다."

Section 7.

행동 신호를 이용하는 감정의 힘

감정은 행동을 요구하는 신호다

★

감정 없이는 어둠이 빛으로,
무관심이 행동으로 바뀔 수 없다.

칼 융 Carl Jung

★
182

내 감정은 내가 만든다

내가 느끼는 모든 감정은 모두 나 자신에게서 비롯된다. 그러므로 언제든 새로운 감정을 북돋우고 바꿀 수 있다.
그런데 우리는 왜 그렇게 하지 않을까? 그건 많은 사람들이 기분 나쁜 것은 자연스러운 현상으로 여기고, 반대로 기분 좋은 것은 특별한 이유가 있어야 가능하다고 생각하기 때문이다. 하지만 살아 있고, 원하기만 한다면 특별한 일이 없어도, 혹은 누군가의 도움을 받지 않아도 기분이 좋아질 수 있다. 그냥 지금 당장 기분이 좋다고 결정할 수 있다.

★
183

부정적인 감정, 어떻게 다룰까

부정적인 감정을 다스리는 가장 좋은 방법은 무엇일까? 몇 가지 일반적인 방법이 있지만 감정을 무시하고 외면하는 것은 별로 효과가 없다. 그렇게 한다 한들 부정적인 감정이 사라지지는 않는다. 그냥 억누르는 방법 또한 어떤 방식으로든 분출될 수 있기 때문에 효과가 없다. '내가 왜 부정적인 감정에 빠졌을까' 하면서 자학할 수도 있는데 이 역시 좋은 방법은 아니다. 혹은 부정적인 감정으로 경쟁하듯 말하기도 한다. "네 기분이 나쁘다고 생각해? 난 더 나쁘다고!" 하면서 말이다. 이 역시 도움이 되지 않는다.

가장 지혜로운 방법은 나와 내 주변 사람들의 삶을 발전시키기 위해 상황에 적합하게 대처하고, 해결책을 찾고, 깨달음을 얻는 하나의 방법으로 감정을 활용하는 것이다.

★
184

행동 신호로 인지하기

모든 감정이 나에게 도움이 된다는 사실을 이해해야 한다. 한때 부정적이라고 생각했던 감정도 어떤 행동을 하도록 나를 유도하는 신호일 뿐이다. 예를 들어 어떤 일을 하다가 좌절감을 느꼈다면 이는 그 일이 잘될 거라고 믿었지만 뜻대로 되지 않았다는 의미다. 그리고 이 좌절감은 '상황을 바꾸기 위해 지금 해야 할 일이 있다'는 신호다. 이렇게 부정적인 감정은 효과적으로 활용한다면 선물이 될 수 있다.

지금부터 부정적인 감정을 느끼면 이를 어떤 행동을 하라는 메시지, 즉 '행동 신호'로 받아들이자.

★
185

관점과 행동 변화로 감정 조율하기

만약 어떤 상황에서도 고통을 느낀다면, 그것은 사물을 바라보는 방식, 즉 인식(관점)의 결과이거나 하고 있는 일(현재의 접근 방식, 현재의 행동)의 결과다. 이는 자신만의 절차다.

감정을 느끼는 방식이 마음에 들지 않는다면 관점이나 인식을 바꾸거나, 간단한 행동 방식이나 절차를 바꾸자. 이렇게 하면 즉시 기분이 달라지는 것을 느낄 수 있다. 배우자, 혹은 상사와 상호 작용하는 새로운 방법을 찾고 그들이 내 관점에 반드시 동의해야 한다는 인식을 바꿔보자.

★
186

괴로움이 보내는 숨은 메시지 사용하기

괴로운 감정을 느낄 때마다 그 감정이 보내는 행동 신호에서 무언가 배우고 이를 빠르게 적용할 수 있는 5단계 방법을 소개한다.

1. 실제로 어떤 감정을 느끼고 있는지 명확하게 정의하기.
2. 내 감정을 인정하고 이해하자. 나를 행동하도록 유도하여 긍정적인 변화를 일으키기 위해 감정이 나를 돕고 있다는 것에 감사한 마음을 갖자.
3. 호기심을 갖자. 이 감정이 내게 무언가 바꾸라는 메시지를 보내고 있다는 것을 깨달아야 한다. 나의 인식이나 행동 절차를 바꿀 필요가 있는지 생각해보자.
4. 나는 이전에도 경험한 적이 있으니 이번에도 감정을 다스릴 수 있다는 자신감을 갖자. 감정을 잘 다스렸던 때를 기억하자. 그리고 그때를 교훈 삼아 오늘, 그리고 미래에 어떻게 대처해야 할지 배우자.
5. 흥분하고 기대하면서 행동하자.

★
187

감정에 호기심을 갖는 질문 활용하기

어떤 감정을 이미 느낀 상태에서는 자신의 감정에 대해서 호기심을 갖는 것이 쉽지 않다. 이럴 때 감정을 행동 신호로 활용하고 무언가 배우며 길을 열 수 있는 4가지 질문을 사용해보자.

- 나는 지금 어떤 기분을 느끼길 원하는가?
- 내가 왜 이렇게 느끼는가? 이에 바탕이 된 신념은 무엇인가?
- 해결책을 찾고 감정을 다스리기 위해 내가 무엇을 해야 할까?
- 나는 이 과정을 통해 무엇을 배울 수 있을까?

★
188

감정을 다스린 경험을 되새겨라

부정적 감정을 잘 다스릴 수 있다는 자신감을 얻기 위해서 과거에 비슷한 감정을 느꼈을 때를 떠올리고, 예전에도 그 감정을 성공적으로 잘 다스렸다는 것을 기억하자. 깊은 우울감에 빠졌을 때 이를 극복했던 순간이 기억나는가? 좌절감이 들고 격한 감정에 압도당했을 때도 다시 초점을 맞추고, 중심을 잃지 않으려고 노력했던 기억이 있는가?

스스로 감정을 잘 다스렸던 과거의 경험을 되새기자. 그때 어떻게 했었는가? 관심의 초점을 옮겼는가? 아니면 스스로에게 더 나은 질문을 던졌는가? 신체적 변화, 걷기, 안정적 상태로 전환함으로써 부정적 패턴을 깨버렸는가?

부정적 감정을 다시 느끼기 시작했다면 과거에 사용했던 방법을 다시 한 번 사용해보자.

★
189

확신을 갖는 훈련하기

훗날 부정적 감정이 불러올 어려운 상황을 그려보고 이에 대처하는 연습을 마음속으로 해보자. 어떤 일이 일어나도 상황을 쉽게 대처할 수 있다는 확신이 설 때까지 마음속으로 그려보고, 들어보고, 느껴보자.

★
190

괴물은 작을 때 없애라

'괴물은 작을 때 없애라'라는 것이 내 지론이다. 부정적인 감정을 없애기에 가장 좋은 때는 처음 그 기분을 느낀 그 순간이다. 일단 감정이 부풀어 오르면 감정의 패턴을 깨뜨리는 게 훨씬 더 어려워진다.

★
191

행동 신호 1. 불편함

싫증, 초조함, 불안, 번민 등 불편함은 무언가 제대로 되지 않고 있다는 것을 알려주는 행동 신호다. 불편함은 어떤 상황에 대한 느낌일 수도 있지만, 현재 행동이 목표를 달성하는 데 도움이 안 될 때도 일어난다.

어떻게 해결할까?

- 즉시 감정 상태를 바꾸기 위해 2장에서 배운 기술을 사용해 보자.
- 어떤 기분을 느끼고 싶은지, 무엇을 성취하고 싶은지 명확히 정하자.
- 행동을 바꾸거나 개선하자. 어떤 상황에 대해 느끼는 방식을 즉시 바꾸자. 결과를 바꾸고 싶다면 조금 다른 접근법을 시도하자. 다른 감정들과 마찬가지로 불편함 역시 그대로 두면 두 번째 행동 신호인 두려움으로 전이되고 만다.

★
192

행동 신호 2. 두려움

나를 불편하게 만드는 상황에 잘 대처하지 않으면 두려움에 빠질 수 있다. 두려움, 염려, 걱정, 불안 같은 감정은 앞으로 일어날지 모르는 일을 대비해야 한다고 외치는 행동 신호다.

어떻게 해결할까?

- 두려움을 느끼는 상황을 생각해보고 육체적·정신적으로 무엇을 준비해야 할지 확인해보자.
- 어떤 행동을 취해야 두려움을 극복할 수 있을지 생각해보자.
- 준비가 되면 걱정을 멈추고 이 상황을 지속적, 성공적으로 헤쳐가는 자신의 모습을 상상하며 시각화하자. 자신감이 들 때까지 계속해보자.

★
193

행동 신호 3. 상실감

상처받았다는 느낌은 보통 상실감에서 비롯된다. 그런데 상실감은 때론 착각일 수 있다. 그렇기에 이 행동 신호는 자신의 인식을 바꿔야 한다거나, 혹은 기대가 너무 커서 충족될 수 없음을 일깨운다.

어떻게 해결할까?

- 실제로는 잃은 것이 없을 수 있다는 것을 인정하자. 예를 들어 연인이 목소리를 조금 높였다고 해서 사랑이 식었다는 의미는 아니다.
- 스스로에게 질문을 던져 상황을 재평가하자. "내 기대에는 못 미치지만 그래도 무언가 다른 것을 얻지 않을까?", "내가 이 상황을 성급하게, 혹은 너무 엄격하게 판단했는가?"
- 내게 상실감을 갖게 한 상대에게 최대한 우아하고 정중하게 내 감정을 이야기하자. "당신이 내게 정말 관심이 많다는 것을 알아요. 정말 무엇 때문에 그러는 건지 정확히 말씀해주시겠어요?"

★
194

행동 신호 4. 분노

분노, 짜증, 억울함, 격노 같은 행동 신호는 강력한 감정이다. 이러한 감정의 근원은 상처받았다는 느낌으로 다루기 어려운 아픔이다. 이 행동 신호는 우리의 중요한 원칙이나 기준이 누군가에게 침해당했거나 스스로 이를 어겼을 때 발생한다.

어떻게 해결할까?

- 내가 오해했을 수도 있으며, 정작 원칙을 침해한 상대는 자신이 무슨 일을 했는지 모를 수도 있다는 것을 기억하자.
- 인정하기 힘들겠지만, 나의 규칙이 잘못된 것일 수도 있음을 인지하자.
- 스스로에게 질문을 던져 분노를 차단해보자. "장기적으로 이 사람이 날 진심으로 염려하는 것이 아닐까?", "이 일을 통해 내가 어떤 것을 배울 수 있을까?", "내게 원칙이 매우 중요하다는 것을 어떻게 전달해야 할까?"

★
195

행동 신호 5. 좌절감

좌절감은 지금은 발전이 보이지 않더라도 어느 단계에 이르면 지금 하는 일이 잘될 것이고, 더 좋은 결과를 가져올 수 있다는 행동 신호다. 좌절감은 어떤 일에 대한 접근 방식을 바꾸게끔 독려함으로써 원하는 것을 달성할 수 있도록 알려준다.

어떻게 해결할까?

- 유연함을 가져라. 좌절감을 친구 삼고, 더 좋은 결과를 얻기 위해 무엇을 해야 할지 곰곰이 생각해보자.
- 원하는 것을 이미 얻은 사람들을 롤모델로 삼고 그들에게서 배워보자.
- 이런 도전을 최소한의 시간과 에너지를 사용하여 해결하고 즐거움을 얻는 방법을 배울 수 있다면 이 방법은 내게 큰 행운이 될 것이다.

★
196

행동 신호 6. 실망감

실망감은 '나는 영원히 실패하고 말 것'이라는 실의에 빠졌을 때 생기는 존재의 고통스러운 느낌이다. 이 행동 신호는 기대치를 낮추라고 요구한다.

어떻게 해결할까?

- 이 상황에서 무엇을 배울 수 있는지 생각해보고, 내 기대치를 다시 설정해보자.
- 즉시 성과를 얻을 수 있고, 더욱 최선을 다할 수 있도록 독려하는 새로운 목표를 세우자.
- 내 판단이 너무 성급했을 수도 있음을 인식하자. 일시적인 어려움 때문에 실망하는 경우도 많다.
- 인내심을 갖자. 진짜 원하는 것이 무엇인지 다시 점검하고, 목표를 이루기 위해 더욱 효과적인 계획을 세우자.
- 과거의 일에 연연해하지 말고 미래 발생할 일에 대해 긍정적으로 생각하는 태도를 갖자.

★
197

행동 신호 7. 죄책감

죄책감은 자기 스스로가 중요한 원칙을 어겼을 때 생겨난다. 이 상황을 바로잡고 다시는 그 원칙을 어기지 않기 위해 무엇을 해야 할지 일깨워주는 행동 신호다. 이것은 내면의 정체성을 지키는 방식이기도 하다.

어떻게 해결할까?

- 자기 스스로가 중요한 원칙을 어겼다는 사실을 인정하자.
- 이런 행동을 다시는 하지 않겠다고 다짐하자. 똑같은 상황에서 자신의 숭고한 원칙에 걸맞는 방식으로 대응하는 법을 정신적, 감정적으로 연습하자.
- 죄책감에 빠져들지 말자. 자신의 출발선으로 돌아갈 수 있도록 죄책감을 오히려 이용해보자. 죄책감을 버리고 옳은 일을 하자. 끝없는 자책은 자신뿐 아니라 그 누구에게도 도움이 되지 않는다.

행동 신호 8. 결핍감

결핍감은 지금 하는 일에 필요한 정보, 이해력, 전략, 자신감을 현재 가지고 있지 않다고 믿고 있음을 알려준다. 이는 더 많은 자원을 모으라는 행동 신호다.

어떻게 해결할까?

- 지금까지 자기 능력을 너무 부당한 잣대로 평가해왔는지도 모른다. 스스로에게 질문해보자. "나에게 이 문제를 해결할 능력이 있는가? 내가 쓸모없다고 느끼는 것이 혹시 나만의 생각은 아닐까?"
- 만약 문제를 해결할 능력이 없다고 생각한다면, 쓸모없다는 감정을 스스로 더 개선해야 한다는 신호로 받아들이자.
- 그 분야에서 능력을 발휘하고 있는 롤모델을 찾아보자. 그리고 보다 유능하게, 효율적으로 대처하기 위해 지금 당장 할 수 있는 간단한 일을 배워보자.

★
199

행동 신호 9. 과도한 스트레스

과부하, 중압감, 우울감, 무력감은 자신이 통제할 수 없는 상황에 직면했을 때 발생하는 행동 신호다. 이러한 상황은 몇 가지 간단한 방법으로 해결할 수 있다.

어떻게 해결할까?

- 처리해야 할 일 중에 가장 중요한 것이 무엇인지 결정하자.
- 우선순위를 정하자. 이를 통해 상황을 통제할 수 있다는 자신감을 회복할 수 있다.
- 목록 중에서 가장 중요한 일부터 해결해보자.
- 감정을 다루는 데 있어서 통제할 수 있는 일에 집중하자. 그리고 그 안에도 긍정적인 의미가 있다는 것을 기억하자. 인생에서 겪는 모든 일은 이유와 목적이 있으며 어떤 식으로든 우리에게 도움이 된다.

행동 신호 10. 외로움

외로움은 사람들과 관계를 맺고, 상대를 돌보며 사랑을 나눠야 한다는 행동 신호다. 이 행동 신호는 세상 속으로 나가서 관계를 맺도록 이끈다.

어떻게 해결할까?

- 언제든 내가 다가가 사람들과 사귈 수 있다는 것을 기억하자. 어디서든 좋은 사람들을 만날 수 있다.
- 어떤 관계가 필요한지 생각해보자. 친구, 연인, 아니면 내 말에 귀 기울여줄 사람인가?
- 바로 실행에 옮겨라. 연락을 취하고 사람들을 만나자.

★
201

감정의 의미 찾기와 행동하기

내가 지금껏 가지고 있었던 낡은 패턴을 깨는 데 도움이 되는 행동 신호가 있다는 것을 어떻게 확신할 수 있을까? 언제나 가지고 다닐 수 있도록 작은 카드에 모든 행동 신호를 적어보자. 마음이 어지럽고 복잡할 때 그 감정이 무엇을 의미하는지, 그리고 그 감정을 활용하는 행동 신호에 초점을 맞추자.

언제나 이 카드를 볼 수 있도록 시간이 날 때마다 볼 수 있는 곳에 붙여두고 늘 되새기자.

이제 자신의 부정적인 패턴을 깨고, 대처하는 데 즉각적으로 활용할 수 있는 10가지 감정의 힘을 살펴볼 것이다.

부자 마음 1. 사랑과 배려

사랑과 배려의 감정을 키워라. 받아들여야 할 핵심적인 신념에 대해 헬렌 슈크먼Helen Schucman은 『기적 수업*A Course in Miracles*』에서 이렇게 말한다. "인간의 모든 의사소통은 애정 어린 반응이거나 도와달라는 외침이다."

만일 누군가 상처를 받았거나 분노로 가득 차 찾아온다면 사랑과 배려로 그를 대해보자. 상대의 감정 상태는 바로 바뀔 것이고, 긴장이 서서히 사라질 것이다.

부자 마음 2. 감사

존경과 감사의 마음을 기르자. 이는 인간이 가진 그 어떤 감정보다 존귀한 감정이며, 우리의 삶을 북돋아주는 감정이다. 매일매일 감사하는 마음으로 살아가자.

★
204

부자 마음 3. 호기심

호기심을 키우자. 살아가는 동안 끊임없이 발전하길 원한다면 어린아이처럼 모든 것에 궁금증을 갖자. 호기심이 풍부한 사람은 결코 지루할 틈이 없다. 삶 전체가 끝없는 배움의 장이기 때문이다. 더불어 이런 자세로 사는 이들이 더 많은 기회, 부와 성공의 가능성을 포착하기 마련이다.

★
205

부자 마음 4. 열정

흥분과 열정을 키우자. 흥분과 열정을 가지고 있으면 그 어떤 어려움도 멋진 기회로 바꿀 수 있고, 그 어떤 때보다 더 빠른 속도로 전진할 수 있는 강력한 힘을 얻을 수 있다. 내 신체적 행동의 변화로 열정을 불붙여 보자. 좀 더 빠르고 분명하게 말하고, 생생하게 상상하며 시각화하고, 원하는 방향으로 몸을 직접 움직여 보자.

부자 마음 5. 결단력

결단력은 그냥 무작정 해가는 것과 전광석화와 같이 해내는 것의 차이를 만든다. 그냥 무작정 밀어붙여서는 원하는 것을 이룰 수 없다. 강인한 의지와 결단력이 필요하다. 스스로를 결단력 있는 상태로 만들어야 한다.

★
207

부자 마음 6. 유연성

유연성을 기르자. 자신의 방식을 바꿀 줄 아는 유연성은 성공과 부를 보장하는 태도다. 사실 모든 행동 신호는 한마디로 좀 더 유연해지라는 메시지라 해도 과언이 아니다. 살다 보면 분명 자신의 힘으로 어떻게 통제할 수 없는 상황에 직면할 수 있다. 규칙 안에서 유연하게 대응할 수 있는 능력, 어떤 일에 부여하는 의미, 행동은 장기적으로 성공과 실패, 부와 가난을 결정할 뿐 아니라 행복의 수준도 결정할 것이다.

★
208

부자 마음 7. 자신감

끊임없이 자신감을 느껴보자. 어떤 것이든 성공적으로 마친 적이 있다면 충분히 다시 해낼 수 있다. 또한 신념이 있다면 경험한 적 없는 낯선 환경이나 상황에 부딪혀도 자신감을 가질 수 있다. '언젠가 자신감을 가질 수 있겠지' 기대하며 무작정 기다리지 말고 스스로 마땅히 가져야 할 감정을 상상하고 확신을 갖자.

209

부자 마음 8. 유쾌함

유쾌함은 자존감을 높여주고, 삶을 더 즐겁게 해주며 주위 사람들까지 행복하게 만든다. 유쾌하다고 해서 지나친 낙관주의자라거나 세상을 장밋빛 안경을 쓰고 바라보거나, 도전을 거부한다는 것은 아니다. 유쾌함을 갖는다는 것은 아주 현명하다는 의미다. 즐거움, 긍정적인 기대를 가지고 산다면 인생의 그 어떤 시련이든 자신만의 방식으로 용기 있게 맞설 수 있기 때문이다. 즐거움, 긍정적인 기대는 매우 강력해서 주위 사람들에게도 영향을 미친다.

★
210

부자 마음 9. 활력

활력을 기르는 것도 매우 중요하다. 건강을 돌보지 않으면 무엇도 즐기기 어렵다. 사람들은 가만히 있으면 에너지가 비축된다고 믿지만 이는 사실이 아니다. 인간의 신경계는 오히려 움직여야 에너지를 생성해낸다. 몸을 움직이면 산소가 혈관을 따라 흐르고, 건강한 신체는 도전을 기회로 바꾸는 데 필요한 활기찬 감정을 만들어낸다.

부자 마음 10. 헌신

헌신하려는 마음은 내가 아는 한 가장 풍요로운 감정이다. 이는 내가 어떤 사람인지, 어떻게 살아왔는지, 자신이 말하고 한 일이 깊고 의미있는 방식으로 타인에게 감동을 줬다는 것을 느끼는, 인생의 궁극적인 선물이다.

더 가치 있고 풍요로운 삶을 누리는 최고의 비결은 베푸는 것이다.

궁정적 감정 활용하기

앞으로 2일간 자신 없고 힘 빠지는 느낌이 들 때마다 그 행동 신호가 주는 메시지에 귀를 기울여보자. 그리고 10가지 부자 마음을 활용하여 모든 부정적인 감정 안에 들어 있는 문제를 해결해보자. 성공도 부도 모두 자기 마음에 달렸다.

Section 8.

10일간의 마음 훈련

마음을 다스리는 자가 승리한다

★

새로운 생각으로 뻗어나간 인간의 마음은
처음으로 다시 돌아오지 않는다.

올리버 웬델 홈즈 Oliver Wendell Holmes

★
213

세상 모든 승자들의 공통점

꾸준함은 세상 모든 승자들이 가진 특징이다. 어쩌다 한번 좋은 성과를 내고 싶은 사람이 어디 있을까? 잠깐 그 기분에 도취되었다가 드문드문 실력 발휘하는 것으로 만족할 사람이 누가 있겠는가? 우리는 삶을 가치 있게 만드는 모든 감정을 꾸준히 경험하길 원한다.

그렇다면 어떻게 꾸준함을 가질 수 있을까? 이는 모두 습관에 달렸다. 무엇을 해야 하는지 아는 것으로는 충분하지 않다. 아는 것을 실행해야 한다.

★
214

변화는 가장 좋은 동반자

지금 현재의 위치에 있게 해준 생각이 우리가 원하는 미래로 데려다주는 것은 아니다. 변화는 가장 좋은 동반자다. 그런데도 많은 사람들, 개인이든, 회사든, 조직이든 지금 누리는 성공을 이야기하면서 현재의 전략을 정당화하고 변화를 거부한다. 하지만 일과 개인 영역에서 새로운 수준의 성공과 부를 이루려면 지금과는 전혀 다른 접근 방식이 필요하다.

★
215

실행하지 않으면 무용지물이다

집 앞에 세워두려고 페라리를 사고, 벽장에 모셔두려고 최신형 컴퓨터를 사지는 않는다. 마찬가지로 이 책을 읽고 이 안에 있는 효과적인 도구들을 묵히지는 않을 것이라 믿는다. 이제 지금까지 익힌 새로운 전략을 즉시 실행에 옮기는 방법을 제시할 것이다. 이는 낡은 사고, 행동, 감정 패턴을 깨기 위한 간단한 방법이다. 이 계획대로만 한다면 장담컨대, 새로운 감정 패턴도 꾸준히 유지할 수 있다.

★
216

비바람이 불어도 돛대를 고정하라

비바람과 태풍 등 변덕스런 날씨는 우리가 어떻게 통제할 수 없다. 하지만 우리는 우리가 원하는 방향으로 움직이도록 돛을 고정시킬 수는 있다.

★
217

짧게 고민하고 길게 행동하기

주위에 성공과 부를 얻은 사람들을 보면, 감정적으로 힘든 상황에서도 하나같이 중심을 잃지 않고, 확고하며, 흔들리지 않는 능력을 가졌다. 이것이 어떻게 가능할까? 그들에게는 기본적인 원칙이 있다. 그것은 문제를 고민하는 데 주어진 시간의 10퍼센트 이상 쓰지 않기, 남은 90퍼센트 이상의 시간을 문제 해결에 사용하는 것이다.

★
218

균형감을 유지하기

어떻게 해야 정신적, 감정적 패턴을 즉각적으로 조절할 수 있을까? 가장 효과적인 전략은 바로 현실주의와 낙관주의를 결합시키는 것이다. 나는 예전에는 긍정적 사고방식이 최고의 해결책이라고 생각하지 않았다. 오히려 다른 사람들보다 긍정적 사고를 거부하는 게 더 똑똑하다고 생각했다.

사실 인생은 균형이다. 만약 자신의 정원에 잡초가 뿌리내리는 것을 거부한다면 우리의 망상이 우리를 파괴할 것이다. 마찬가지로 정원에 잡초가 무성하다고 착각하는 것도 파괴적이다. 그러니 우리가 해야 할 일은 언제나 균형을 맞추는 것이다.

어떻게 균형을 맞출 수 있을까?

◆ 상황을 있는 그대로 보자.

◆ 현재 상태보다 더 긍정적으로 보자.

◆ 그 생각대로 되도록 만들자.

★
219

정신적·감정적 능력을 통제하기

마음 속 정원의 잡초를 제거하는 데 있어 가장 중요한 단계는 지금까지의 부정적 패턴을 깨는 것이다. 이를 위해 제일 좋은 방법은 10일간 마음 훈련에 도전하여 내 마음을 의식적으로 조절해보는 것이다. 이 과정은 부정적이고 파괴적인 패턴을 없앨 수 있는 최고의 방법이다.

앞으로 10일간 자신의 모든 정신적 · 감정적 능력을 완전히 통제하는 데 집중해보자. 지금 당장 불필요한 생각이나 감정에 휘둘리지 않겠다는 결심부터 해보자.

★
220

마음 훈련 규칙 새겨두기

앞으로의 10일은 지금껏 경험한 그 어떤 시간과도 다를 것이다. 마음 훈련의 규칙은 다음과 같다.

1. 10일간 불필요한 생각이나 감정에 매달리지 말 것. 활력을 빼앗는 질문이나 말, 비유를 사용하지 않는다.
2. 부정적인 것에 초점을 맞추기 시작했음을 인지하는 순간, 즉시 관점을 옮겨보자. 지금까지 익혀온 방법 중 하나를 선택하면 된다. 첫 번째 공격 라인에 섰을 때처럼 문제 해결을 위한 질문부터 시작하자.
3. 10일간 매일 아침, 모닝 파워 질문에 대한 답을 생각하며 목표를 성공에 맞춰보자.•

• 〈모닝 파워 질문 1〉 〈모닝 파워 질문 2〉, 134~135페이지 참조.

★
221

문제가 아닌 해결책을 보자

4. 앞으로 10일간 초점을 문제가 아닌 해결책에 맞춰야 한다는 것을 기억하자. 어떤 문제가 발생할 수 있다는 가능성을 감지하는 즉시 이를 해결할 방법을 찾아보자.
5. 불필요한 생각과 감정에 빠졌더라도 스스로 인지한 즉시 상태를 바꿨다면 자책하지 말자. 하지만 만일 인지한 즉시 상태를 바꾸지 못했다면 며칠간 훈련했든 상관없이 10일간의 훈련을 처음부터 다시 시작하자.

★
222

삶은 내 의지로만 달라진다

이제 진정으로 새로운 삶에 다가설 준비가 되었는가? 앞으로의 삶을 계속 이 훈련에서 배운 대로 살아가겠다는 다짐이 서지 않는다면 이 10일간의 훈련을 시작도 하지 말자. 이것은 마음이 약한 사람들을 위한 도전이 아니다.

자신의 마음을 다스리고자 하는 사람, 삶의 가치를 높이기 위한 감정 패턴을 익히고자 하는 사람, 또한 성공과 부를 원하는 이들을 위해 앞서 제시한 모든 방식을 열정적으로 따르고자 하는 이들을 위한 것이다. 예컨대 나크NAC, 질문, 혁신적인 어휘들, 비유, 초점 및 신체적 변화 등을 그들의 일상적인 경험으로 만들고 싶은 사람들을 위한 것이다.

모든 것은 나의 의지로만 달라진다. 그것을 기억하자.

★
223

훈련의 동행 찾기

10일간의 마음 훈련을 지속하기 위한 지렛대는 어떻게 얻을 수 있을까? 먼저 가족과 친구, 동료들에게 내가 무엇을 하고 있는지 알리고, 훈련을 잘 마칠 수 있도록 도와달라고 부탁한다. 훈련에 동참할 파트너가 있으면 더욱 좋다.

훈련 일지를 쓰는 것도 좋은 아이디어다. 불필요한 패턴을 어떻게 성공적으로 다뤘는지 기록함으로써 훗날 참고할 수 있는 귀중한 로드맵을 만들 수 있다.

★
224

독서로 마음 채우기

나는 하루에 적어도 30분씩은 꼭 책을 읽는다. 이것은 내 삶에서 가장 소중한 습관 중 하나다. 내 은사인 짐 론Jim Rohn은 실질적인 것, 가치가 있는 것, 마음의 양식이 되는 것, 새로운 차이를 가르쳐주는 것을 읽는 것이 먹는 것보다 중요하다고 말씀하셨다. 그는 "밥은 한 끼 굶더라도 독서를 거르지 말라"고 당부했다.

마음 훈련을 하는 10일간 깨끗하게 비워진 마음에 영양을 공급하는 독서를 해보자. 자신이 선택한 새로운 삶의 방식에 적응하는 데 필요한 통찰력과 전략을 얻을 수 있다. 기억하라. 리더는 책을 읽는 사람이다leaders are readers.

부와 성공은 진행형이다

10일간의 마음 훈련은 내게 어떤 도움을 가져다줄까?

- 자신의 발목을 붙잡고 있는 모든 습관적인 마음 패턴을 명확히 인식하게 해준다.
- 강력한 대안을 찾을 수 있다.
- 상황을 변화시키기 위해 사고체계를 조절할 때마다 가슴 벅찬 자신감을 가져다준다.
- 가장 중요한 것은 스스로 새로운 습관과 기준, 새로운 기대치를 세움으로써 더욱 풍요로운 삶의 경험을 얻을 수 있다는 점이다.

부와 성공은 진행형이다. 일련의 사소한 훈련으로 만들어진다. 낡은 패턴을 버리고 새로운 패턴으로 충전시키는 훈련을 통해 강한 추진력으로 삶을 이끌어갈 수 있다.

★
226

언제든 제자리로 돌아오면 된다

단지 10일간의 마음 훈련으로 끝내서는 안 된다. 스스로 마음을 어떻게 먹느냐에 따라 부정적인 패턴으로 돌아가지 않을 수 있다. 이것은 앞으로의 인생을 사는 동안 긍정적인 초점에 빠져들 수 있는 절호의 기회다.

10일간 부정적인 감정 패턴을 끊어냈는데 다시 예전처럼 살고 싶은 유혹에 젖어든다면 처음부터 다시 시작해보자. 하지만 장담컨대, 일단 새로운 가능성을 인식하면 이전으로 돌아가는 것 자체가 역겨울 정도로 싫을 것이다. 궤도에서 벗어났다면 다시 제자리로 돌아오면 된다. 스스로 그 방법을 이미 알고 있다는 사실만 잊지 않으면 된다.

★
227

우리 각자의 해법은 모두 다르다

나는 인간 행동의 신비를 풀고, 삶의 질을 높이는 해결책을 제시하는 일을 정말 좋아한다. 변화를 촉진하기 위해 인간의 내면을 탐색하며, 지렛대 역할을 할 포괄적 신념이나 비유를 찾는다. 매일매일 개개인의 독특한 그림이 담긴 조각 퍼즐을 맞추면서 마치 내가 셜록 홈즈 같다고 느끼고는 한다.

인간 행동을 이해하는 데 필요한 단서가 명백할 때도 있지만 어떤 단서들은 뭔가 미묘해서 감지하기 힘들 때도 있다. 어쨌든 모든 것은 결국 특별한 해결 방식으로 귀결된다. 사람이 모두 다른 것은 생각하고 판단하는 방식이 서로 다르기 때문이다. 어떤 상황에서 어떻게 해야 하는지 결정하는 방식을 나는 '가치평가 마스터 시스템Master System of Evaluation'이라고 부른다.

★
228

우선 원인부터 찾아보자

인간 행동을 이해하는 것이 얼마나 중요한지 보여주는 비유가 있다. 강둑에 한 사람이 서 있다. 그때 갑자기 살려달라는 외침이 들리고 강에서 허우적대는 한 남자의 모습이 보인다. 그는 물속으로 들어가 남자를 구했다. 숨을 고르고 있는데 또 다른 비명소리가 들리고 그는 다시 물속으로 들어간다. 이번에는 두 사람이다. 곧이어 정신을 차리기도 전에 네 사람이 소리 지르는 모습이 보인다.

그는 강에서 한 명 한 명 건져내며 하루를 다 보냈다. 만약 그가 처음 서 있던 자리에서 상류로 조금만 거슬러 올라갔다면 처음부터 누가 사람들을 강물에 빠뜨리고 있는지 확인할 수 있었을 것이다.

삶도 마찬가지다. 결과가 아니라 원인에 초점을 맞추고 문제를 해결한다면 많은 노력을 아낄 수 있다.

나를 독특하게 만드는 것

일단 가치평가 마스터 시스템을 이해하면 자신의 행동은 물론 다른 이의 행동에도 좋은 영향을 미칠 수 있다. 우리가 삶의 문제와 기회를 평가하는 방식에는 분명한 과학적 원리가 있다. 자신의 의사결정 체계를 구성하는 요소를 알면, 자기 행동을 이해할 수 있고, 무엇을 거절하고 무엇을 취할 것인지 예상할 수 있다.

삶에서 일어나는 모든 일들, 즉 저녁에 뭘 먹을지와 같은 사소한 일부터 결혼을 할지 말지와 같은 중요한 일에 이르기까지 어떻게 평가해야 하는지 결정하는 요소는 모두 5가지로 구성된다.

개인마다 이 요소들이 독특하게 조합된 가치평가 마스터 시스템이 있고, 이것이 우리 각자의 삶을 독특하게 만든다.

가치평가 마스터 시스템 5가지

1. 감정 상태 – 최상의 상태에서 결정하기
2. 질문 – 행동을 결정하는 질문
3. 가치 체계 – 가치 우선순위가 만드는 차이
4. 신념 – 신념이 만드는 기본 원칙
5. 참고 경험 – 그동안의 경험과 정보들

★
230

하나로 전체를 판단하지 않기

인간관계에서 어려움이 있을 때 그 관계를 회복하고 싶다면 상대의 행동을 잘 이해해야 한다. 결혼 생활에서 중요한 것은 처음 두 사람을 묶어준 그 유대감을 회복하기 위해 매일매일의 스트레스를 이해하는 것이다. 배우자가 일 때문에 힘들어하면서 좌절감을 토로한다고 해서 결혼 생활이 끝났다는 것을 의미하지는 않는다. 이는 그저 더욱 관심을 갖고 사랑하는 이를 격려하고 도와달라는 신호다. 주식 시장이 30포인트 급락했다고 한들 그날 하루만 가지고 주식 시장 전체를 평가하지는 않을 것이다. 삶도 마찬가지다. 한 가지 사건만으로 사람의 성격을 판단할 수는 없다. 행동이 그 사람 자체는 아니기 때문이다. 무엇이 그 사람의 생각과 행동을 이끄는지 이해해보자. 그렇게 해야만 그 사람의 본 모습을 알 수 있다.

★
231

부자의 가치평가 시스템

성공한 사람들의 삶을 구성하는 중요한 신념과 핵심 전략을 살펴보면 탁월한 가치평가가 훌륭한 삶을 만든다는 것을 알 수 있다. 예를 들어 부자들은 기회 안에 숨어 있는 위험성과 보상을 평가하는 데 탁월한 능력을 발휘했다. 모든 사람들이 거의 똑같은 정보를 접하지만 부자들은 그 정보가 무엇을 의미하고, 어떻게 행동해야 하는지 면밀하게 판단하는 그들만의 가치평가 시스템을 활용한다. 결혼생활을 잘 지속하는 사람들은 스트레스에 시달리는 배우자에게 어떻게 반응해야 할지를 제대로 판단한다. 행복한 사람은 삶의 문제를 더 효과적으로 평가할 줄 안다.

당신도 할 수 있다. 이미 성공한 이들의 전략을 교훈으로 삼는다면 최소한 몇 년의 시행착오는 줄일 수 있다.

★
232

자기 평가를 다시 해보자

자신의 가치평가 과정을 제대로 통제하지 못하면 스스로 자신의 능력을 의심하게 될 수도 있다. 예를 들어 테니스 경기 중에 서브를 제대로 넣지 못했다고 해보자. 이때 사람들은 종종 활기를 빼앗는 방향으로 일반화를 시작한다. "서브가 정말 형편없었어!"라고 말한 것이 "진짜 엉망진창으로 테니스를 쳤군"으로 변해버린다. 자기 비하의 악순환에 빠지지 말자.

스스로 부정적인 면에 초점을 맞춘 채 과장했던 일을 한 가지 떠올려보자. 인간관계에 대해 이렇게 말한 적이 있는가? 아니면 일처리에 대한 것이었는가? 자신의 신체적 능력에 대한 것이었는가? 이제 이런 방식을 깨버리자. 스스로 "이제 끊어낼 거야!"라고 다짐해보자. 그런 다음 다시 시작해보자. 이루고 싶은 것에 초점을 맞추자. 즉각적으로 변화해야 한다는 것을 잊지 말자.

★
233

조금만 앞을 내다보기

성공한 사람들의 공통점은 항상 올바른 평가를 내린다는 점이다. 전설적인 아이스하키 선수 웨인 그레츠키Wayne Gretzky도 예외는 아니었다. 그는 하키 선수 치고는 체격이 큰 편도 아니었고, 힘이 세거나 빠른 선수가 아니었다. 본인도 이를 알고 있었다.
언젠가 그에게 하기를 어떻게 그리 잘하는지 물은 적이 있다. 그는 이렇게 답했다. "다른 선수들이 퍽이 있는 곳으로 움직일 때 저는 퍽이 움직일 방향으로 갑니다." 퍽의 속도와 방향, 그리고 다른 선수들의 전략과 힘을 예측할 수 있었기 때문에 득점하기에 가장 좋은 위치에 먼저 가 있을 수 있었던 것이다.
이 통찰력, 한 발자국 앞을 내다보는 지혜를 현실에 적용한다면 어떤 큰 차이를 만들어낼 수 있을지 기대되지 않는가?

★
234

최상의 상태에서 결정하기

- 마스터 시스템 1 감정 상태 -

똑같은 말을 듣고 울 수도 있고, 웃을 수도 있다. 그 차이는 그저 내 감정 상태에 달렸다. 우리의 정신과 감정 상태는 가치평가 마스터 시스템의 첫 번째 요소다. 자신감 넘치고 긍정적 기대로 충만할 때 내리는 결정과 지치고 불안할 때 내리는 결정은 다를 수밖에 없다. 어떤 경우에는 조심스럽고 신중하게 평가를 해야 하며, 또 어떤 경우에는 이런 자세가 방해가 될 수도 있다. 문제의 의미를 판단하고, 무엇을 해야 할지 결정할 때는 실수를 걱정하는 수동적인 상태가 아니라 지혜를 최대한으로 발휘하는 최상의 상태여야 한다.

★
235

행동을 결정하는 질문 평가하기

- 마스터 시스템 2 질문 -

질문은 마스터 시스템을 구축하는 두 번째 요소다. 누구나 어떤 일을 시작하기 전 가치평가 단계를 거친다. "이것이 무엇을 의미하는가, 괴로움을 피하고 즐거움을 얻기 위해 꼭 해야 할 일은 무엇인가?"

어떤 행동을 할 것인지 말 것인지는 스스로 던지는 구체적인 질문에 크게 영향을 받는다. 마음에 드는 이성과 데이트를 원하면서 상대가 거절할까 봐 고민하고 있는가? "날 싫어하면 어쩌지? 괜히 다가갔다가 불쾌해하기라도 하면 어쩌지?" 이렇게 계속 부정적인 평가만 하다가 정작 좋은 기회를 놓치고 말 것이다. 반면 "이 사람과 친해지면 정말 환상적이지 않을까? 이 사람과 친해지면 얼마나 재미있을까?"와 같은 질문을 한다면 분명 그 기회를 잡을 수 있다.

★
236

가치 우선순위가 만드는 차이

- 마스터 시스템 3 가치 체계 -

인간은 누구나 덜 고통스럽고 더 즐겁게 살기를 원한다. 하지만 그것을 가능하게 해주는 것이 무엇인지에 대해서는 모두 다르게 배웠다. 결국 사람마다 어떤 특정한 감정이 다른 감정보다 더 가치 있다고 평가하곤 한다. 예를 들어 어떤 사람은 최고의 행복과 즐거움을 안정감이라고 하고, 어떤 사람은 모험심이라고 한다. 가치평가 마스터 시스템의 세 번째 요소인 가치 우선순위의 차이다. 가치 우선순위란 즐거움을 만들고 고통을 피하기 위해 가장 중요하다고 생각하는 감정 상태의 순위다. 우리가 내리는 모든 결정은 즐거움을 얻고 고통을 피하기 위한 무의식적인 욕구에서 비롯된다. 만약 사랑이란 어떤 대가를 치르더라도 갈등을 피하는 것이라고 가치평가한다면, 그것이 인간관계의 정직성에는 어느 정도 영향을 미칠까?

★
237

신념은 기본 원칙을 만든다

- 마스터 시스템 4 신념 -

가치평가 마스터 시스템의 네 번째 요소는 신념이다. 포괄적 신념은 자신과 다른 사람들, 그리고 인생 전반에 대한 기대치에 절대적인 영향을 끼친다. 이 신념은 때때로 가치평가 단계의 시작에서부터 영향을 미친다. 자신이 따르는 규칙은 이 신념에 근거한다. 규칙은 스스로 가치에 충실하기 위해서 무엇을 해야 하는지를 알려준다. 예를 들어 '사랑하는 사람한테 소리를 지르다니 말도 안 돼, 그가 날 사랑한다면 나한테 소리 지를 리 없어'라고 믿는 사람이 있다고 해보자. 사랑하면 소리 지르면 안 된다는 그의 기본 원칙은 상대가 목소리를 한 번이라도 높이면 사랑이 없는 증거라고 평가하게 만든다. 설사 이 기본 원칙이 특별한 근거가 없어도 그렇게 평가해버리는 것이다.

인간관계에 있어서 자신만의 규칙이나 신념이 있는가? 그것이 실제 도움이 되는지 아니면 걸림돌인지 생각해보자.

★
238

경험은 가치평가에 영향을 미친다

- 마스터 시스템 5 참고 경험 -

신념은 어떻게 자리 잡는 것일까? 마스터 시스템의 다섯 번째 요소는 우리의 참고 경험들, 즉 뇌라는 거대한 문서 보관함에 저장되어 있는 경험과 정보들이다. 이것은 신념의 근거가 되는 원재료다. 우리에게는 기억 속에서 불러낼 수 있는 무한한 경험이 있으며 이는 모두 참고 자료다. 우리가 선택한 경험은 거기서 내가 취해야 할 의미, 느낌, 해야 할 일까지 결정해준다.

참고 경험들의 중요성은 다음의 경우를 생각해보면 쉽게 알 수 있다. 우선 무조건적인 사랑을 느끼며 자랐을 때와 자신이 계속 이용당한다고 느끼며 자랐을 경우를 생각해보자. 그 차이가 어떨지 알겠는가? 하고 싶은 대로 다 하면서 자랐을 때와 엄격한 통제 아래 자랐을 때의 차이는 어떨까? 이런 경험이 인생과 사람, 기회에 대한 가치평가 방식에 어떤 영향을 미칠까?

★
239

인생의 방향을 정하는 가치평가 시스템

가치평가 마스터 시스템의 작동 방식에 대한 생각을 자극하기 위해 한 가지 물어보자. "당신에게 가장 소중한 추억은 무엇인가?" 이 질문에 대답하기 위해 무엇을 했는가? 아마 제일 먼저 질문을 다시 확인했을 것이고, 그다음에는 인생의 수많은 경험들을 되새겼을 것이며, 그중 하나를 선택하기 위해서 참고 경험들을 재검토했을 것이다. 하지만 결국 고르지 못하고 포기했을지도 모른다. 스스로 '모든 경험이 다 소중하다'는 믿음을 가지고 있다면 말이다. 소중하든 아니든 추억을 회상하는 것도 쉽지 않았을지 모른다. '과거의 삶'에서 떠올리는 감정이 피하고 싶은 가치였다면 말이다.

마스터 시스템은 이렇게 우리가 가치평가를 어떻게 할지부터 무엇을 가치평가할지까지 결정한다.

★
240

매일매일 새로운 경험이 쌓인다

승리를 만드는 것은 무엇인가? 최고가 된 사람은 주어진 상황에서 성공 혹은 좌절에 대해 다른 사람보다 더 많은 참고 경험들을 가지고 있다. 믿음을 강화하고, 가치를 다듬고, 새로운 질문을 던지고, 원하는 방향으로 헤쳐나갈 수 있도록 도와줄 경험을 얻을 기회는 매일매일 우리에게 찾아온다.

★
241

자기 운명의 주인이 되는 법

우리는 언제라도 삶의 다양한 영역에서 생각하고, 느끼고, 행동하는 방식에 영향을 주는 포괄적인 변화를 즉각적으로 이뤄낼 수 있다. 자신의 가치평가 마스터 시스템을 구성하는 5가지 요소 중 한 가지만 바꾸어도 충분하다.

예를 들어 거절당했을 때 다른 기분을 느끼도록 조절하기보다 다음과 같은 포괄적 신념을 받아들이는 것이 낫다. '내 모든 감정의 근원은 바로 나다. 나 이외에 그 무엇도, 어느 누구도 내 감정을 조정할 수 없다. 어떤 반응이든지 나는 내 반응을 순간적으로 바꿀 수 있다'고 믿는 것이다. 이 신념을 열렬히 지지하고 받아들이면 거절에 대해 느끼는 두려움뿐 아니라 분노나 좌절감, 무력감까지 없앨 수 있을 것이다. 이렇게 해나가면 스스로 자기 운명의 주인이 될 수 있다.

★
242

가치 우선순위를 다시 정하자

거부당했을 때의 당혹감, 혹은 무력감을 단번에 극복하는 또 다른 방법은 가치 우선순위를 바꾸는 것이다. 예컨대 봉사나 감사를 맨 위 첫 번째 순위로 삼는 것이다. 이렇게 하면 누구에게 거절을 당했다고 해도 그것이 별로 중요하지 않아진다. 상대가 지적한 단점에 초점을 맞추기보다 상대를 도우려는 마음으로 봉사하는 것, 어떤 방식으로든 그 상황을 개선하기 위해 노력하는 데 초점을 맞출 수 있다. 혹은 삶이 너무 충만하다면 어떤 거절에도 영향을 받지 않을 것이다. 사실 그것을 알아차리지 못할지도 모른다. 이런 감정은 이전에 느껴보지 못한 즐거움을 선사하고, 인간관계를 충만하게 만든다.

다시 한 번 강조하건대 가치평가 마스터 시스템의 5가지 요소 중 하나만 바꿔도 우리 삶은 모든 영역에서 크게 변화할 수 있다.

★
243

좋아하는 일처럼 평가하기

운동하러 가는 것처럼 간단한 일조차 지속하기 힘들었던 경험이 있는가? 아마도 해야 할 수십 가지 일에 신경을 쓰면서 복잡하게 만들고 있었을지도 모른다. 그러면서 "운동하러 가는 게 뭐 이렇게 힘들어!"라고 생각했을 것이다. 피트니스 센터까지 운전해야 하고, 주차해야 하고, 등록해야 하고, 탈의실 가서 옷 갈아입어야 하고, 운동하고, 샤워하고… 기타 등등을 해야 한다.

하지만 우리는 좋아하는 일에 대해선 한 덩어리로 생각해버린다. '먹고 싶어? 그럼 먹으면 돼', '해변에 가고 싶어? 그럼 가면 돼', '뭘 해야 하는데? 그냥 차에 올라타고 가면 돼'처럼 말이다.

이런 차이는 일 그 자체에 있지 않다. 그것을 어떻게 가치평가하느냐의 차이일 뿐이다. 가치평가 방법을 바꿔보자. 그렇게 하면 삶은 즉시 변화할 수 있다.

Section 9.

인생의 나침반

나만의 가치와 원칙을 정하라

★

모든 위대한 일은 내면의 힘이 환경보다
우위에 있다고 믿는 이들에 의해 이루어져 왔다.

브루스 바튼 Bruce Barton

★
244

진정으로 원하는 것

만약 우리가 충만한 성취감을 느끼기 원한다면, 이를 이룰 방법은 단 하나다. 인생에서 간절히 소망하는 것, 최고의 가치로 삼는 것이 무엇인지 결정하고 매일 우리의 결정에 따라 살 것을 약속하는 것이다.

★
245

생각과 행동을 일치시키기

어떤 사람이 존경을 받는가? 자신의 가치관이 확고한 사람, 자신의 기준을 분명히 밝히고 이를 실천하는 사람이 아닐까? 설사 그들의 생각에 동의하지 않는다 해도 자신의 신념에 따라 살아가는 사람들은 존경스럽다. 인생철학과 행동이 하나가 된 삶을 살아가는 사람에게는 부인할 수 없는 힘이 있다.

인생철학과 행동의 일치를 목표로 삼아라. 자신이 옳다고 믿는 것에 부합하지 않는 행동을 하고 있지는 않은가? 그렇다면 더 늦기 전에 바로잡아라. 그리고 잠시 생각해보자. '내가 반드시 지켜야 하는 가치나 기본 원칙은 무엇일까? 그것이 내 삶을 어떻게 발전시켜 왔는가?'

★
246

가치 있는 것을 나누는 삶

영화 〈스탠드 업*Stand and Deliver*〉에서 하이메 선생님은 가장 가치 있는 것이 무엇인지 확실하게 알고 있는 사람이 가진 힘을 직접적으로 보여준다. 그는 어떤 교수법이 아니라 아이들이 무엇을 할 수 있는지를 몸소 보여줌으로써 학생들에게 배움에 대한 열정을 심어주었다. 다른 이들 모두가 불가능하다고 확신하던 고등수학시험을 아이들이 통과하도록 인도했다. 무엇보다 각자의 존재, 라틴의 유산, 그리고 인생을 통해 더 나은 삶을 살아가기 위해 배우는 것이 얼마나 가치 있는지를 알려주었다. 그의 절대적인 헌신은 수많은 젊은이들의 삶을 변화시켰다.

지금부터라도 자신이 인생에서 가장 중요하다고 여기는 것에 초점을 맞춘다면, 당신은 무엇을 성취할 것인가?

★
247

가치 체계는 감정 상태를 의미한다

만약 사랑, 성공, 혹은 진실성을 중요하다고 여긴다면, 이것들은 자신의 가치 체계를 이루는 일부라고 할 수 있다. 가치란 그것이 가져다줄 즐거움 때문에 우리가 꼭 경험해야 한다거나, 또는 그것과 관련된 고통 때문에 반드시 피하고자 하는 감정 상태다.

모든 의사결정은 이런 믿음에 기반해 이루어진다. 주어진 행동이 즐거움을 주는 가치로 나아가도록 도울 것인가? 고통을 주는 가치를 피하거나 멀어지는 데 도움이 될까?

당신이 소중하게 생각하는 가장 즐거운 감정 중 하나는 무엇인가? 어떻게든 피해야 할 괴로운 감정은 무엇인가?

★
248

지향하는 가치와 회피하고자 하는 가치

즐거움을 주는 가치는 '지향하는 가치'다. 사랑, 기쁨, 자유, 안정감, 열정, 마음의 평안 같은 감정이 포함된다. 괴로움을 주는 가치는 '회피하고자 하는 가치'다. 거부, 실망, 외로움 같은 것이다. 우리가 어떤 결정을 할 때 우리의 행동이 이러한 즐거움, 혹은 괴로움의 상태를 가져올지를 생각하게 마련이다.

앞으로 며칠간 모든 결정을 이끌어내는 감정 상태와 어떤 감정이 더 중요한지 우선순위까지 확인하게 될 것이다. 예를 들어 안정과 모험, 2가지를 모두 중요하게 생각한다고 해보자. 이 중 어느 것이 자신에게 더 중요한지 결정하면 장기적으로 인생의 행복을 추구하는 방향에 적합한 결정을 내리는 데 도움이 될 것이다.

★
249

목적 가치의 충족을 추구하라

지향하는 가치, 회피하고자 하는 가치 외에도 목적 가치와 수단 가치라는 가치의 다른 범주가 있다.

예를 들어 자동차를 중요하게 생각한다고 해도 자동차는 이동 수단일 뿐이다. 하지만 자동차를 통해 추구하려는 목적 가치는 감정 상태와 연관된다. 폰티악이 가져다주는 흥분, 벤츠의 위엄, 볼보의 안전성 같은 것이다.

우리의 최종 가치인 목적 가치를 충족하고자 하는 욕구가 모든 결정의 원동력이다. 하지만 불행히도 사람들은 종종 수단 가치를 충족하고자 하는 욕구에 기반한 결정을 내린다. 이렇게 하면 가장 중요한 목적 가치, 즉 삶을 이끄는 감정 욕구를 채우지 못한다.

★
250

수단 가치에 속지 말라

“정말 좋은 인간관계를 갖고 싶어”라고 원했는데 정작 그것을 얻은 뒤 얼마되지 않아 “나는 더 이상 대인관계를 원하지 않아”라고 말한 적이 없는가?

만약 그랬다면 그 관계가 단지 목적을 달성하기 위한 수단에 불과했기 때문일 것이다. 진짜 원했던 것은 관계 자체가 아니라 인간관계를 통해 얻을 수 있는 사랑과 우정, 친밀감 등의 목적 가치였던 것이다. 하지만 대인관계를 맺는다 해서 이런 가치를 저절로 가질 수 있는 것은 아니다. 그러니 자신이 추구하는 진짜 목적 가치가 무엇인지 인지하고, 마음속으로 그것과 지속적으로 상호작용해야 한다. 돈, 지위, 학력, 자녀, 관계 등 수단 가치를 얻는다 해도 반드시 행복해지는 것은 아니다. 결국 목적 가치와 일치된 삶을 살지 않으면 성공하더라도 궁극적인 성취감을 느끼기 어렵다.

★
251

지향하는 가치의 순위 정하기

개인의 가치라고 생각하는 많은 감정 상태가 있다. 그중 다른 것들에 비해 좀 더 중요하게 여겨지는 감정이 있다. 사랑, 성공, 자유, 친밀감, 안정감, 모험심, 힘, 열정, 안락함, 건강처럼 어떻게든 얻으려고 노력하는 '지향하는 가치'다.

일단 자신의 가치를 정확히 확인했으면 깊이 파고들어 가치의 우선순위를 규정할 수 있다. 아래의 목록 중에서 특별히 더 중요하게 생각하는 것이 있는가? 가장 중요하게 여기는 감정 상태를 1로 표시하고, 1부터 10까지 순위를 매겨보자.

가치	순위
사랑	
성공	
자유	
친밀감	
안정감	

가치	순위
모험심	
힘	
열정	
안락함	
건강	

회피하고자 하는 가치 순위 확인하기

지향하는 가치와 마찬가지로, 피하고 싶은 가치도 순위가 있다. 거부, 분노, 좌절, 외로움, 우울, 패배감, 모욕감, 죄책감은 일반적으로 회피하고자 하는 가치다. 어떻게든 피하고 싶은 감정을 1로 표시하고, 1부터 8까지 순위를 매겨보자.

가치	순위	가치	순위
거부		우울	
분노		패배감	
좌절		굴욕	
외로움		죄책감	

★
253

결정은 가치 선택의 문제다

스카이다이빙을 하러 가자고 한다면 따라나서겠는가? 결정은 가치 순위의 역동성에 달려 있다. 예를 들어 지향하는 가치의 첫 번째가 안정감이고, 회피하고자 하는 가치의 첫 번째가 두려움이라면 아마 가지 않을 것이다.
하지만 제일 피하고 싶은 가치가 거절당하는 것이라면 어떻겠는가? 게다가 가지 않을 경우 친구가 못마땅해 할 거라는 생각이 든다면 어떤 선택을 할까?
인간은 즐거움을 얻는 것보다 고통을 피하는 데 더 힘을 쓰기 때문에 거부당하기 싫은 욕구가 안정감을 이길 것이다. 두 개의 가치가 동시에 밀고 당기는 것을 느낀 적이 있는가? 결정은 결국 가치 선택의 문제다.

★
254

가치의 충돌을 해결하기 위한 원칙

가치의 우선순위를 명확하게 정하는 가장 중요한 이유는, 우리 안에 내재되어 있는 가치 사이의 갈등을 해결하기 위해서다. 예를 들어 성공이 가장 추구하고 싶은 가치고, 거절이 가장 피하고 싶은 가치라면 이 두 가치가 어떻게 교차적으로 작용할 수 있는지 알고 있는가?
거절의 고통을 겪지 않고서는 성공의 기쁨도 누릴 수 없다. 사실 많은 사람들이 어떤 일을 시작한 후 얼마 가지 않아 단념하고 성공을 포기한다. 거부당할지 모른다는 두려움이 의미 있는 성공을 얻는 데 꼭 필요한 도전과 모험을 시도하지 못하게 제동을 걸기 때문이다. 뒤에서 살펴보겠지만, 해결책은 가치 인식, 그리고 의식 있는 결정이다.

★
255

내 인생에서 가장 중요한 것은 무엇인가

자신이 지향하는 가치를 발견하려면 스스로에게 반드시 해봐야 할 질문이 있다. 바로 "내 인생에서 가장 중요한 것은 무엇인가?"라는 질문이다.

궁극적인 가치, 즉 가장 느끼고 싶은 감정 상태를 발견하겠다는 자세로 심사숙고해서 대답을 구해보자. 목록을 만든 다음 중요도에 따라서 순위를 정해보자.

★
256

꼭 피해야 할 감정은 무엇인가

회피하고 싶은 가치를 찾기 위해 스스로 다음과 같은 질문을 던져보자. "어떤 감정을 피하는 것이 가장 중요할까? 반드시 피하고 싶은 감정은 무엇인가?"

이번에도 심사숙고하여 답을 구해보자.

목록을 만든 후 중요도에 따라서 순위를 정해보자. 가장 회피하고 싶은 감정, 잠재적 고통을 가장 많이 불러오는 것을 1순위로 적고, 그다음 강도의 감정 상태를 2순위로 적어라.

★
257

의식적인 결정 다시 시작하기

현재 자신에게 중요한 가치들을 확인해봄으로써 나의 삶, 그리고 나를 이끄는 고통과 즐거움의 시스템을 좌우한 것이 가치 우선순위였다는 사실을 알 수 있다. 하지만 좀 더 적극적으로 자신의 인생을 스스로 설계하고 싶다면 처음부터 다시 시작해 오늘부터 새로운 결정을 내려야 한다.

다음 질문을 생각해보자.

- 궁극적으로 원하는 삶을 창조하기 위해 필요한 나의 가치관은 무엇인가? 내가 될 수 있는 최고의 사람이 되기 위해서는 무엇이 필요한가? 내 삶에서 가장 강력한 영향력을 발휘하려면 무엇이 필요한가?
- 삶의 우선순위에 포함시켜야 할 또 다른 가치는 무엇인가?

258

인생 항해의 나침반으로 사용하기

새로운 가치 목록을 만들어 무엇을 달성했는가? 그 목록이 단지 단어 몇 개를 적어놓은 종잇조각에 불과한 것은 아닌가? 새로운 가치를 인생의 나침반으로 사용하도록 스스로 조율하지 않으면 그것은 아무 쓸모가 없는 것이 되고 만다.

하지만 일단 조율을 시작한다면, 그 가치는 평화로운 바다와 사나운 폭풍을 협상하는 데 도움이 될 것이고, 당신이 계획한 운명의 길을 향해 나아가도록 도울 것이다.

매일 아침, 새로운 가치를 되새긴 후 하루를 시작하라. 친구들에게 자신의 가치 목록을 알려주고 도움을 청해라. 그리고 감정적인 보상에 대한 기대를 바탕으로 자신을 조율하여 매일 그것을 경험할 수 있을 때, 이 가치를 통해 무엇을 얻을 수 있을지 상상해보고, 생각하고, 느껴보자.

★
259

행복의 조건은 없다

어떤 일이 생겨야 행복감을 느낄까? 누군가 나를 안아주고, 사랑해주고, 얼마나 존경하는지 이야기해주어야 할까? 돈을 아주 많이 벌어야 할까? 골프장에서 언더파를 기록해야 할까? 상사에게 인정받아야 할까? 좋은 차를 몰고 근사한 파티에 참석해야 할까? 아니면 영적 깨달음을 얻거나 해지는 저녁 하늘만 바라봐도 될까?

하지만 진실은 행복해지는 데 어떤 일이 필요한 것은 아니라는 것이다. 마음만 먹으면 지금이라도 스스로 행복을 느낄 수 있다. 앞서 언급했던 일들이 모두 일어난다고 해도 누가 행복을 만드는가? 바로 자기 자신이다!

무엇을 망설이는가? 단지 '내가 행복해지려면 반드시 어떤 일이 일어나야 한다'는 잘못된 믿음만 버리면 된다. 이런 믿음을 깨고 자신이 마땅히 누려야 할 행복을 즐겨보자.

★
260

행복에 관한 기본 원칙 세우기

행복에 관한 기본 원칙, 즉 자신만의 믿음을 세우고자 한다면 이런 건 어떨까? "행복에 필요한 일은 아무것도 없다. 나는 행복하다. 나는 살아 있으니까! 삶은 선물이고, 나는 그 삶을 마음껏 즐기겠다."

에이브러햄 링컨은 "모든 사람은 마음먹은 만큼 행복하다"라고 말했다. 링컨의 일생, 그리고 고난을 극복한 다른 여러 사람들의 이야기는 누구나 스스로의 삶을 조절할 수 있다는 사실을 상기시켜준다.

행복에 관한 원칙을 받아들이자. 그리고 자기 조율의 기준을 높이겠다고 결심해보자. 이것은 우리가 현명하고, 유연하며, 창조적이겠다는 약속이며, 끊임없이 자신의 삶을 성찰하는 방법을 찾아 나설 수 있다는 의미다.

★
261

자기 믿음은 삶의 근거가 된다

자신의 가치와 일치하는 삶을 살고 있는지 어떻게 확인할 수 있을까? 그것은 전적으로 우리의 규칙에 달려 있다. 즉 성취감, 행복감, 건강함을 느끼기 위해 무슨 일이 일어나야 하는지, 그 전제 조건에 대한 신념으로 알 수 있다.

마치 머릿속에 작은 법정이 자리 잡고 있는 것과 같다. 자신의 기본 원칙은 판사와 배심원이 되어 자신의 행동이 어떤 가치를 성취하는 데 필요한 기준에 부합하는지 판단한다. 어떤 상황에 대해 행복할지 기분 나쁠지, 고통스러울지 즐거울지와 같은 감정을 느끼도록 결정하는 것도 이 기본 원칙이다.

★
262

괴로움은 왜 찾아오는 걸까

일상에서 괴로움을 느낄 때마다 꼭 생각해봐야 하는 질문이 있다. "이 괴로움이 지금 내가 처한 상황의 결과 때문인가, 아니면 그런 상황에 대해 어떤 감정을 느껴야 한다는 나의 규칙의 결과 때문인가? 이렇게 괴로워한다고 상황이 더 나아질까? 이 상황에서 기분 나쁜 감성을 갖는 것이 내가 어떤 기본 원칙이나 신념을 가졌기 때문은 아닐까?"

자신의 규칙이 이성적이고 적절한지 명확히 하기 위해서는 우선 기본 원칙을 검토해야 한다. 행복하려면 우수한 성과를 올리고, 돈을 많이 벌고, 다이어트에 성공하고, 항상 스트레스 없는 상황이 유지되어야 한다는 기본 원칙을 가진 사람들이 적지 않다. 이런 사람들이 과연 평생 몇 번이나 행복하다고 느낄 수 있을까? 자신의 원칙을 검토하자. 스스로 그에 따라 살고 있다는 사실을 기억하자.

★
263

단순한 원칙으로 기쁨 만들기

생각보다 많은 사람들이 나쁜 기분에 빠지는 방법(괴로움의 기본 원칙)은 끝도 없이 만들어내면서, 정작 기분이 좋아지는 방법(즐거움의 기본 원칙)은 거의 만들지 않는다.

지금 당장 더 자주 사랑받는 기분을 느낄 수 있도록 기본 원칙을 정해보자. "누군가 끊임없이 내게 사랑한다 말해주고, 값비싼 선물을 사주고, 함께 해외여행을 가고, 감동을 주고, 내가 원하면 하기 싫은 일도 마다하지 않을 때에만 사랑을 느낀다"는 기본 원칙을 설정해두었다면 사랑을 느끼는 것은 매우 어렵다.

기본 원칙을 단순하게 만들어보자. "따뜻하고 애정 어린 생각을 하고 사람들에게 다정하게 대할 때마다 나는 항상 사랑받고 있음을 느낀다."

★
264

지금 버려야 할 과거의 원칙

삶을 좌우하는 기본 원칙들은 내가 가고자 하는 방향에 적합한가? 과거에 도움이 되었던 기본 원칙들을 계속 고수하다 낭패를 본 적은 없는가? 예를 들어 인생에서 강한 사람으로 보이고 싶어서, 혹은 감정을 잘 드러내지 않기 위해서 중요하게 생각했던 기본 원칙이 있을 수 있다. 하지만 이 규칙은 학창 시절 운동장에서는 도움이 되었을지 모르지만 원만한 인간관계를 유지하는 데는 별로 도움이 되지 않을 수 있다.

마찬가지로 만약 당신의 직업이 변호사라면, 직업적으로 사용하는 비유를 주의해서 사용해야 한다. 그 기본 원칙이 집에서는 별로 도움이 되지 않을 수도 있다. 잘못 하다가는 매일 저녁 배우자를 심문하게 될 테니 말이다.

지금 버려야 할 과거의 기본 원칙은 무엇인지 생각해보자.

★
265

나는 성공한 사람인가

자신이 성공했다는 것을 어떻게 알 수 있을까? 몇 년 전, 한 세미나에 성공에 대해 서로 다른 기본 원칙을 가진 두 남자가 참석한 적이 있다. 한 사람은 잘 나가는 유명 기업인으로 행복한 가정, 사랑스런 다섯 자녀들, 억대 연봉, 그리고 마라톤으로 다듬어진 몸매까지 소유한, 모두가 부러워할 만한 조건을 가진 사람이었다. 하지만 그는 자신이 실패했다고 느끼고 있었다. 왜일까? 그가 불합리한 기본 원칙을 가지고 있었기 때문이다.

또 한 사람은 반대로 사회적으로 내세울 것은 없었지만 자신이 성공한 삶을 살고 있다고 생각했다. 무엇이 그런 감정을 불러일으키는지 물었더니 그는 이렇게 대답했다. "제가 해야 할 일은 그저 아침에 일어나 주위를 둘러보고 살아 있음을 확인하는 것뿐이니까요. 하루하루가 아주 멋진 날이죠."

어떤가? 이들 두 사람 중 누가 진짜 성공한 사람인가?

★
266

전진하려면 지금 행복하자

우리는 확실히 목표의 힘과 미래에 대한 동경심을 이용해 앞으로 한 걸음 더 나아가길 원한다. 그런데 이것보다 먼저 갖춰야 할 것이 있다. 그것은 우리가 원할 때 언제든 행복해질 수 있다는 기본 원칙을 갖추는 것이다.

행복을 느끼기 위해서 반드시 어떤 일이 일어나야 하는가? 성공했다는 느낌은 어떤가? 안전하다는 느낌, 사랑받고 있다는 느낌은 어떤가?

★
267

바꿔야 할 기본 원칙 골라내기

규칙으로 인해 당신의 활력이 빼앗기고 있다면 기본 원칙을 점검해야 한다. 그렇다면 바꿔야 할 기본 원칙은 어떻게 알 수 있을까? 다음과 같은 원칙은 활력을 빼앗는다.

- 이룰 수 없는 기본 원칙 – 기준이 너무 복잡하고 많으며, 엄격해서 일상에서 지키기 어렵다.
- 이룰 수 있는지 없는지와 상관없이 통제가 불가능한 기본 원칙 – 예를 들어 다른 사람들이 무언가 해줘야 행복을 느낄 수 있다면 이는 자신이 통제할 수 없는 원칙이다.
- 행복해지는 원칙은 적고, 괴로워지는 원칙은 많을 때 – 예를 들어 기대했던 모든 일이 일어났을 때에만 행복해지고, 그밖에 일이 일어났을 때 괴로워진다면 행복을 느낄 일이 너무 적다.

★
268

나의 원칙 다시 세우기

바로 지금 자신의 기본 원칙을 조정해보자.

다음 질문에 최대한 상세하게 답해보자.

- 성공했다고 느끼려면 어떤 일이 일어나야 하는가?
- 부모, 배우자, 자녀, 그리고 그밖에 소중한 사람들에게 사랑받고 있다고 느끼려면 어떤 일이 일어나야 하는가?
- 자신감을 느끼려면 어떤 일이 일어나야 하는가?
- 인생의 모든 분야에서 뛰어나다고 느끼려면 어떤 일이 일어나야 하는가?

★
269

왜 화가 나는지 스스로에게 질문하기

지금까지 다른 사람과의 사이에서 있었던 불화는 사실 모두 기본 원칙이 깨져서 생긴 문제다. 상대에게 화난 것이 아니라 상대가 나의 기본 원칙을 어겼기 때문에 화가 난 것이란 의미다. 즉 '어떤 일이 어떻게 되어야 한다'거나 '어떻게 되는 것이 좋은지'에 대한 믿음이나 기준에 어긋나는 행동을 했다는 사실에 화가 난 것이다. 사실 우리도 한 번쯤 어떻게 행동하고 생각하고 느껴야 하는지에 대한 자신의 규칙을 위반한 적이 있을 것이다.

그러니 앞으로 또 누군가에게 화가 난다면 그 사람에게 화가 나는 것이 아니라는 사실을 기억하자. 자신이 만든 상황에 대한 기본 원칙에 반응하고 있을 뿐이다. 화가 나는 순간 자신에게 물어보자. "지금 이 상황에서 무엇이 더 중요할까? 내 기본 원칙인가, 상대와의 관계인가?"

이런 질문을 이용한다면 좀 더 진심이 담긴 의사소통이 가능하고 갈등 상황에서 벗어날 수 있다.

★
270

끊임없이 소통해야 하는 이유

나의 기본 원칙을 분명하게 알리지 않으면서 사람들이 나의 규칙을 따를 것이라고 기대하지 말자. 다른 사람들의 기본 원칙을 몇 가지라도 지켜주지 않으면서 사람들이 나의 규칙에 따라줄 것이라고도 기대하지 말자.

또한 기본 원칙을 미리 분명하게 알렸다고 해도 여전히 오해가 생길 수 있다는 사실도 기억하자. 바로 이 때문에 지속적인 소통이 중요하다. 기본 원칙에 관해서는 절대적으로 확신하거나 가정하지 말고 지속적으로 대화하라.

★
271

강력한 힘을 가진 원칙으로 바꾸기

기본 원칙 가운데에도 특별히 더 큰 힘으로 우리를 움직이게 하는 것이 있다. 건강에 관한 기본 원칙 중 절대로 어기지 않는 것을 생각해보자. 깰 수 없는 기본 원칙은 무엇인가? 예를 들면 "나는 절대로 마약을 하지 않아" 같은 것이 있을 것이다. 이럴 때는 보통 "절대 안 돼"라고 이야기한다. 반면 종종 어기지만 다음에 후회하는 기본 원칙은 무엇인가? "불량 식품을 먹으면 안 돼" 같은 것일 테다.

수많은 사람들의 기본 원칙을 관찰해보니 "하면 안 돼"라고 말한 원칙은 언젠가는 깨지고, "절대 안 돼"라고 말한 원칙은 거의 깨지지 않았다. 이렇게 깨지지 않는 원칙을 나는 '절대적 기본 원칙'이라고 부른다.

자신의 기본 원칙 중에서 '해야 하는' 것을 '반드시 해야 하는' 기본 원칙으로 바꾸었을 때 더 효과적인 것은 무엇일지 생각해보자.

★
272

최소한의 원칙으로 살자

기본 원칙이 너무 많으면 사는 게 힘들 수도 있다. 예전에 다섯 쌍둥이를 키우는 스무 가정이 나오는 TV 프로그램을 본 적이 있다. 진행자는 부모들에게 "정신없지 않았나요? 평정을 유지하기 위해서 가장 중요한 게 뭔가요?"라고 물었다. 공통적으로 나온 대답은 "규칙을 너무 많이 정하지 말라"는 것이었다. 왜냐하면 아이들은 많고 각각 행동이나 개성이 다르기 때문에 규칙을 너무 많이 정해놓으면 누군가는 어길 수밖에 없고, 하루 중 몇 시간이라도 따지고 들면 스트레스를 받을 수밖에 없다는 것이었다.

인생을 잘 살아가려면 꼭 지켜야 할 가장 중요한 몇 가지 원칙만 정해놓고 살아가는 것이 더 현명한 방법이 아닐까? 인간관계에서 원칙이 적으면 적을수록 우리는 더 행복해진다.

★
273

절대 즐거움을 놓치지 않기

인생을 위한 새로운 기본 원칙을 세울 때 잊지 말아야 할 기준이 있다. 바로 즐거움을 놓치지 않는 것이다. 엉뚱한 것을 찾아보자. 낯선 곳을 탐험해보고, 낡은 원칙을 깨고 흥분되는 새 원칙을 만들자.

지금까지 고수한 원칙은 모두 스스로를 제한하고 구속하는 것이었다. 그러니 이제 좀 더 웃고, 즐겨도 괜찮지 않은가? 사랑을 느끼기 위해서는 그저 발가락을 꼼지락거리는 것만으로도 충분할지 모른다. 헛소리처럼 들릴지 몰라도 즐거움을 주는 것은 결국 자기 자신이다.

Section 10.

새로운 삶을 여는 열쇠

자기 정체성과 경험의 상관관계

★

할 수 있는 일을 모두 다하고 나면
자신에게 놀라게 될 것이다.

토마스 에디슨 Thomas A. Edison

★
274

경험은 확신의 기반이다

세상의 수많은 사람들과 나를 차별화시키는 것은 무엇일까? 자신을 독특한 존재로 만드는 매우 중요한 요소는 바로 나만의 경험들이다. 지금까지 경험해온 모든 일은 기억뿐 아니라 신경계에도 기록된다. 살아오면서 보고, 듣고, 느끼고, 맛본 것이 뇌라는 거대한 저장고에 보관된다.

이 의식적 · 무의식적인 기억을 참고 경험들이라고 부른다. 스스로의 인생에서 어떤 확신을 가지려면 내가 누구인지, 무엇을 할 수 있는지에 대한 믿음과 자신의 경험이 밑바탕 되어야 한다.

★
275

경험에 어떤 의미를 부여할 것인가

인생을 살아가는 데 가장 큰 영향을 준 경험은 무엇인가? 내가 주최하는 세미나에 참석한 사람들에게 자신의 삶에 가장 큰 영향을 준 5가지 경험을 적어보도록 했다. 결과가 흥미로웠는데 같은 경험을 했는데도 사람들 각각의 해석이 전혀 달랐고, 각자 다른 모습으로 살아가고 있었다.

그중 어릴 때 부모를 잃은 두 남자가 있었다. 한 사람은 이 경험으로 마음을 닫고 모든 관계를 차단해버린 반면 다른 한 사람은 그 누구보다 사교적이고 감성적인 사람이 되었다.

자아를 형성하는 데 중요한 것은 단지 무엇을 경험했느냐가 아니라 그 경험에 어떤 의미를 부여했느냐이다.

★
276

작품의 한 가운데 무엇을 배치할까

알고 있든 모르고 있든, 우리는 모두 자기 인생의 수석 디자이너다. 우리의 인생을 거대한 태피스트리tapestry•라고 생각해보자. 경험은 여기에 쓰일 색실이고, 원하는 어떤 모양으로든 태피스트리를 짤 수 있다. 우리는 이 색실을 매일매일 추가할 수 있다. 자신이 어떤 작품을 만들고 있는지 생각해보자. 몸을 숨길 커튼을 만들 생각인가, 아니면 원하는 곳이라면 어디든 데려다줄 마법 양탄자를 만들 것인가? 힘이 되는 기억들이 인생이라는 걸작의 한 가운데에 자리 잡을 수 있도록 의식적으로 디자인하고 있는지 생각해보자.

• 여러 가지 선염 색실로 그림을 짜넣은 직물. 벽걸이, 휘장 등으로 사용된다.

★
277

모든 경험은 가치가 있다

지금 자신의 존재와 살아가는 모습을 형성하는 데 가장 큰 영향을 준 5가지 경험을 적어보자.
어떤 경험인지에 대한 설명과 함께 그것이 내게 어떤 영향을 미쳤는지도 구체적으로 적어보자. 만약 부정적인 결과를 가져온 경험이라도 적어라. 다만 다시 한 번 해석해보자. 이를 위해서는 이전에는 생각해보지 못했던 새로운 관점이 필요할 것이다.
기억할 것은 단 하나, 우리의 모든 경험은 그 자체로 가치가 있다는 것뿐이다.

★
278

상상력이라는 참고 경험

무언가를 이루기 위해서는 확신이 필요하며, 자신의 수많은 경험들은 확신을 갖는 데 도움을 준다. 그렇다면 어떤 일을 해본 경험이 없을 때는 어떻게 확신을 얻을 수 있을까? 우선 경험이란 것이 반드시 직접 해본 것에 국한되지 않는다는 사실을 알아야 한다. 상상력 역시 우리를 지원하는 무한한 경험을 선사한다.

로저 배니스터가 1마일을 4분 안에 주파할 수 있었던 것은 그가 마음속으로 이 목표를 '이미 성취한 일'로 시각화한 덕분이었다. 자신이 기록을 경신하는 모습을 반복해서 상상해보는 것이 그에게는 참고 경험이 되었고, 이는 신체적 잠재력을 깨우는 확신이 되었다. 어떤 어려움이 닥쳤을 때 우리는 상상해보는 것만으로도 수많은 장벽을 깨트릴 수 있다.

★
279

강한 비전의 원동력

상상력은 의지력보다 10배는 더 힘이 세다. 상상력을 펼치면 어떤 한계라도 뛰어넘을 수 있는 확신과 강한 비전을 얻을 수 있다. 테니스 선수 안드레 애거시Andre Agassi는 열 살 무렵 이미 윔블던 테니스 대회에서 수천 번 우승했다고 말했다. 마음속으로 말이다. 승리에 대한 그의 구체적이고 지속적인 상상은 내적 확신을 심어주었고 마침내 1992년 여름, 꿈을 현실로 만들었다.
꾸준한 상상을 통해 이루고 싶은 것은 무엇인지 생각해보자.

★
280

경험 도서관 확장하기

문학작품, 이야기, 신화, 시, 음악을 탐구하는 것은 자신의 경험 자료 도서관을 확장시키는 가장 간단한 방법이다. 책을 읽고, 영화를 보고, 놀이에 참여하고, 세미나에 참석하고, 낯선 이들과 대화를 나누자.

이 모든 것이 참고 자료가 되며, 각각 힘을 가지고 있다. 그중 어떤 것이 삶을 변화시킬지는 아무도 모른다.

★
281

작가의 경험을 내 것으로 만들기

좋은 책을 읽으면서 우리는 그 작가처럼 생각하게 된다. 아덴Arden 숲에 빠져드는 동안 윌리엄 셰익스피어가 되고, 보물섬에 도착한 순간엔 로버트 스티븐슨이 되며, 월든 호숫가에서 자연을 벗 삼아 지내는 동안에는 헨리 데이비드 소로가 된다. 그렇게 작가처럼 생각하고, 작가처럼 느끼고 상상하면서, 그들의 경험을 공유하게 되고, 마지막 장을 넘긴 후에도 그 경험을 간직하게 된다.

책을 읽고, 즐거운 연극을 보고, 감동적인 음악과 함께 삶을 흥미진진하고, 즐겁고 풍요롭게 만드는 모험을 할 수 있다는 것은 얼마나 황홀한 일인가!

★
282

나쁜 경험은 없다

세상에 나쁜 경험이란 없다는 믿음을 갖는다면 무엇이 달라질까? 인생에서 겪는 일들이 어렵든 쉽든, 고통스럽든 기쁘든 상관없이 그 안에서 의미를 찾고자 하는 마음만 있으면 어떤 경험이든 값진 교훈을 얻을 수 있다.

살면서 자신이 겪은 '최악의 경험'을 한 번 떠올려보자. 우리의 삶을 형성하는 힘은 어떤 경험에 부여한 의미를 변화시키는 데서 비롯된다. 되돌아보면 그런 경험이 인생에 어떤 식으로든 긍정적인 영향을 미쳤다는 것을 인지할 수 있다. 살다 보면 해고를 당하거나 돈을 빼앗기거나 교통사고를 당할 수도 있지만, 결국 그 경험으로부터 더 나은 해결책과 새로운 인식, 분별력을 얻어낼 수 있다. 그리고 이런 과정을 통해 성장할 수 있다.

★
283

새로운 아이디어 수용하기

제한된 경험으로는 제한된 삶을 살 수밖에 없다. 삶을 더 풍요롭게 만들고 발전하고자 한다면 한 번도 겪어보지 않은 삶의 아이디어와 경험을 받아들여 참고 자료를 늘려야 한다. 좋은 아이디어를 적극적으로 찾아내라. 이전에 한 번도 고려해보지 않은 일 가운데 새로운 세상을 열어준 것이 있는지 생각해보자.

★
284

낯선 일에 도전해보기

한 번도 해보지 않은 새로운 경험에 도전해보자. 스쿠버다이빙이나 수중 탐사는 어떤가? 완전히 새로운 환경에 놓인 인생이 어떨지 생각해보자. 평소에 잘 가지 않았다면 클래식 연주회에 가보고, 습관적으로 피하던 일이라면 록 콘서트에도 가보자. 어린이 병원에도 한 번 가보고 지역 경찰서를 통해 진행되는 순회 프로그램에도 참여해보라.

낯선 환경과 문화 속으로 들어가 다른 이의 눈으로 세상을 바라볼 필요가 있다. 자신이 느끼는 한계는 제한된 경험 자료에서 비롯된 결과다. 자료를 늘려라. 삶 전체가 확장되는 것을 느낄 수 있을 것이다.

★
285

하고 싶은 일의 마감시한 정하기

지금 내게 필요한 새로운 경험은 무엇일까? 자신에게 이렇게 질문해보자. "내가 진정으로 원하는 것을 이루려면 어떤 경험이 필요하지?" 경험하고 싶은 재미있는 일을 생각해보고, 밝고 유쾌해지는 경험 자료가 무엇인지 선택해보자.

새로운 경험 자료들의 목록을 정리한 다음, 각각의 일정을 정해보자. 언제 하나씩 해볼 것인지 계획을 세우자. 스페인어는 언제 배우고, 그리스어나 일본어는 언제 배울 것인가? 열기구 체험은 언제 할 것이며 양로원에 가서 캐롤 부르는 것은 또 언제가 적당할지 생각해보자.

낯설고 새로운 것들을 언제 시도해볼 것인가?

★
286

공유하고 싶은 기억 만들기

내가 아들과 공유하고 있는 가장 소중한 경험은 어느 해 추수감사절 거리에서 음식 바구니를 돌렸던 일이다. 나는 당시 네 살이었던 아들에게 공중화장실 앞에서 자고 있던 한 노숙자에게 다가가 음식 바구니를 전하면서 추수감사절 인사를 건네라고 했다. 아들이 남자의 어깨를 살짝 두드리며 "즐거운 추수감사절 보내세요!"라고 말하자 갑자기 남자가 벌떡 일어났다. 내가 너무 놀라서 앞으로 튀어나가려는 순간 놀랍게도 그 남자는 천천히 아들의 손에 키스를 한 뒤 거친 목소리로 속삭였다.

"마음 써줘서 고맙구나."

추수감사절에 아이에게 이렇게 멋진 선물을 줄 수 있다니! 정말 귀중한 경험이었다. 사랑하는 사람과 어떤 감동적인 경험을 공유하고 싶은가?

287

중요한 일은 언제 일어날지 모른다

경험 자료를 늘리겠다고 일부러 사파리 여행을 떠날 필요는 없다. 단지 가까이 살고 있는 누군가를 도와주기만 해도 충분하다. 새로운 경험 한 가지를 추가하는 것으로 새로운 세상이 열리기도 한다. 새로운 것을 보고, 듣고, 대화를 나누고, 영화를 보고, 세미나에 참석하는 것과 같은 사소한 일들도 모두 새로운 일이 된다는 것을 기억하자. 무엇이 인생에 중요한 영향을 미칠 경험 자료가 될지, 언제 그 일이 일어날지 아무도 모른다.

★
288

삶의 지평을 넓히는 경험 쌓기

벤치에서 일어나 이제 인생이라는 게임을 시작하자. 우리가 탐구하고 경험할 수 있는 모든 일, 그리고 즉시 시작할 수 있는 모든 일의 가능성에 대해 무한한 상상력을 펼쳐보자.

삶의 지평을 넓히기 위해 오늘 어떤 새로운 경험을 추구할 수 있을까? 그 결과 나는 어떤 사람으로 다시 태어나게 될까?

★
289

자기 정체성을 믿어라

사람은 누구나 스스로 삶을 만들어내는 힘을 가지고 있다. 우리는 그 힘으로 무엇을 할 수 있고, 무엇을 할 수 없는지 생각하고, 결정한다. 무슨 일을 시도하거나 그만두거나 혹은 다른 이들에게 영향을 미칠 때 그 힘이 발휘된다. 이 힘은 '나는 누구인가'라는 정체성에 대한 믿음이다.

우리는 누구나 스스로를 정의하는 내적 방식을 가지고 있다. 그리고 이 정의는 우리 삶의 모든 부분에 영향을 미친다. 자신을 보수적이라고 정의할 때와 개방적이라고 정의할 때 각각 다르게 말하고 행동하게 된다. 자신에 대한 정의가 달라지면 표현방식, 행동, 추구하는 목표도 달라진다.

이는 자신의 모든 결정을 좌우하는 기준이며, 삶의 모든 경험을 설명해주는 신념의 핵심이다.

★
290

자기 정체성 업데이트하기

"난 그렇게 못하겠어. 난 그거 싫다고!"라고 말해본 적이 있는가? 이런 말을 한 적이 있다면 과거에 스스로를 정의했던 경계가 침범당한 것이며, 여전히 스스로 과거의 정의에 따라 삶을 살아가고 있다는 뜻이다.

이제 자신에게 질문을 던져보자. "내가 누구인지에 대한 신념은 어디에서 온 것이며, 그 신념은 얼마나 오래된 것인가?"

어떤가? 너무 오래전에 자신의 한계를 규정해놓은 상태 그대로 살아가고 있지는 않은가? 스스로 정체성을 갱신할 때가 되었다고 생각이 들지 않는가?

그 정체성은 내가 주도적으로 선택한 것인가? 아니면 다른 이들이 나에게 말한 것, 인생에서 겪은 중요한 사건들, 내 의지와 상관없이 일어난 여러 사건들이 결합되어 생성된 것인가?

우리가 자기 자신을 더 힘있고 정확한 방법으로 정의한다면 스스로 원하는 미래의 모습을 어떻게 묘사할지 생각해보자.

★
291

내 가치는 언제든 높아질 수 있다

이제 시각을 넓혀 자신의 존재와 능력에 대해 다시 생각해볼 필요가 있다. 또한 스스로에게 붙여놓은 꼬리표는 한계가 없으며, 언제나 더 나아질 수 있다는 것을 알아야 한다.

그러므로 "나는 무엇, 무엇이다"와 같은 말을 반복하는 것을 조심해야 한다. 그런 말을 반복하다 보면 진짜 그런 사람이 되어버릴지도 모른다. 예를 들어 "나는 게으른 사람이다"라고 말했다고 해보자. 사실 게으르지 않은데도 이렇게 말하다 보면 정말 게으른 사람이 될지도 모른다.

한계를 규정하는 방식으로 자신을 정의하고 있지는 않은가? 한계선이 자기 충족적 예언이 되어 나를 가두고 있지는 않은지 생각해보고 변화를 시도해야 한다.

★
292

'너는 원래 그렇잖아'라는 말을 거부하라

인생에서 변화를 시도할 때마다 주위 사람들은 지속적인 발전에 도움이 되기도 하고 걸림돌이 되기도 한다. 만일 그들이 당신을 계속 예전과 같이 생각한다면, 한때 나의 정체성을 구성했던 낡은 감정과 믿음을 다시 강요하는 등 사실상 부정적인 역할을 할 수 있다. "너는 원래 그렇잖아"와 같은 말 등이 대표적이다.

내가 누구인지 정의할 수 있는 궁극의 힘이 나에게 있다는 사실을 잊지 말자. 과거가 현재와 미래를 확정하는 것은 아니다. 오늘부터 새로운 활력을 얻을 수 있는 정체성을 밝히고 행동하고, 공표해보자.

★
293

자기 정체성을 확장시키기

긍정적인 변화를 위해 계속 노력했지만 실패를 거듭했다면, 자신이 누구인가에 대한 신념과 상충되는 행동으로 바꾸려고 하고 있을 가능성이 있다.

삶의 질을 가장 빠르고 근본적으로 개선시키려면 자신의 정체성을 바꾸고 확장시켜야 한다. 예를 들어 단순히 음주와 같은 행동을 끊는 데서 그치는 것이 아니라 건강한 사람으로 자신의 정체성을 확장하는 것이 더 좋은 성과를 낼 수 있다. 이렇게 함으로써 우리는 지나친 음주가 할 만한 짓이 못 된다고 자연스럽게 생각하게 된다.

★
294

유일무이한 특별한 존재로 만드는 것

정체성의 위기란 무엇인가? 흔히 겪는 정체성의 위기는 자신의 정체성에 대한 신념과 반하는 행동을 하고, 이 일로 자신의 삶에 대한 의문이 불거졌을 때 발생한다. 하지만 자신이 누구인지 정확히 아는 사람이 과연 있을까? 아마 거의 없을 것이다.

특히 나이, 외모 등과 특정하게 결부된 정체성은 분명 누군가에게 고통을 주고 위기감을 불러온다. 하지만 이런 것들은 분명히 변화하게 마련이다. '내가 누구인가'에 대해 좀 더 넓은 의미를 부여한다면 우리의 정체성은 위협받지 않을 것이다. 인간은 분명 육체적 존재 이상이다. 나를 유일무이한 특별한 존재로 만드는 것은 무엇인지 생각해보자.

★
295

'나는 누구인가'에 답해보기

이제 자신이 누구인지 확인하는 시간을 갖자. "나는 누구인가?"라는 질문에 호기심을 가지고 즐겁게 답해보자.

자신의 과거, 현재, 미래의 성취도로 스스로를 정의하는가? 직업, 수입, 역할, 종교적 믿음, 신체적 특성이 기준이 되는가? 아니면 이 모든 것을 초월하는 무언가가 있는지 생각해보자.

★
296

사전 속 나를 기술해보기

만약 사전에 내 이름이 실린다면 어떻게 정의될 것이라고 생각하는가? 세 단어 정도면 충분할까? 아니면 몇 장에 걸쳐 상세하게 기술될까? 그것도 아니면 사전 한 권이 따로 필요할까?
지금, 자신의 이름을 사전에서 찾았다고 생각하고 그 안에 쓰여 있을 것 같은 정의를 적어보자.

★
297

신분증 만들어보기

자신이 어떤 사람인지 보여주는 신분증을 직접 만든다면 무엇을 넣고, 무엇을 뺄 것인가? 사진이나 신체적인 사항을 넣을 것인가? 아니면 그건 별로 중요하지 않은가? 건강 상태에 관한 것, 성과, 가치관, 감정, 믿음, 소망, 좌우명 등을 넣을 것인가?
스스로 진짜 어떤 사람인지 보여줄 수 있는 자신만의 신분증을 직접 디자인해보자.

★
298

무한한 정체성의 변환

정체성 중 내게 고통을 가져다주는 것인데도 버리지 못한 것이 있는가? 왜 아직도 그것을 고수하고 있는 것일까? 이는 지금까지 그것이 자신의 정체성이라고 스스로 결정했기 때문이다.

아이들의 영혼과 마음을 채우는 놀라운 상상력에서 실마리를 찾아보자. 아이들은 무한한 상상력으로 어떤 날은 정의의 사도 쾌걸 조로가 되고, 어떤 날은 힘이 센 헤라클레스가 된다. 그러다 또 어떤 날은 아이가 가장 좋아하는 영웅인 할아버지가 된다. 이런 정체성의 변환은 우리가 경험할 수 있는 일 중에서 가장 즐겁고, 황홀하고, 자유로운 느낌을 선사한다.

누구나 자신을 완전히 새롭게 정의할 수 있고, 자아가 더 빛나게 만들 결정을 내릴 수 있으며, 자신의 행동과 과거를 넘어서고, 스스로에게 붙인 그 어떤 꼬리표도 넘어서는 정체성을 발견할 수도 있다.

★
299

이상적인 나를 규정하는 요소 찾기

만약 스스로 원하는 이상적인 인물이 될 수 있다면, 정체성은 어떻게 이루어질까? 원하는 정체성의 특성을 모두 적어보자.
자신이 원하는 성격을 갖추고 있는 사람은 누구인가? 그가 내 롤모델이 될 수 있을지 생각해보자. 그리고 새로운 정체성으로 삶을 살아가는 모습을 상상해보자. 어떻게 숨을 쉬고, 어떤 모습으로 걷고, 어떻게 말하고, 생각하고, 느끼는지 상상해보자.
스스로 결정을 내리는 것만으로도 충분히 정체성을 바꿀 수 있는 능력을 갖고 있다는 것을 기억하자. 정말 감사한 일 아닌가!

★
300

나의 세계가 넓어진다면

진심으로 자신의 정체성과 삶을 확장하고 싶다면 어떤 사람이 되고 싶은지, 자신이 되고 싶은 모습을 의식적으로 결정하라. 다시 어린아이가 된 것 마냥 들뜬 마음으로, 오늘 어떤 사람이 되기로 결정했는지를 자세히 적어보자.

그런 다음 절대 자신의 한계를 정하지 말고, 나의 세계가 넓어진 모습을 생생하게 적어보자.

★
301

정체성 강화에 도움이 되는 사람인가

우리가 함께 시간을 보내는 사람들은 내가 누구인지 인식하는데 지대한 영향을 미친다. 새로운 정체성을 뒷받침하는 행동 계획을 세울 때 주위 사람들에게 특별히 관심을 기울여라. 가족이나 친구, 동료들도 나의 정체성 강화에 도움을 주는 사람과 방해하는 사람으로 구분된다. 도움이 될 만한 사람은 누구인가? 스스로 생각해보고 그와 더 많은 시간을 보내자.

★
302

새로운 정체성 조율하기

새로운 정체성을 새웠다면 주위 사람들에게 알려 스스로 지켜갈 수 있도록 최선을 다하라. 그런데 가장 중요한 것은 자기 자신에게 알리는 것이다.

자신을 나타내는 새로운 꼬리표를 하루도 빠짐없이 사용해보자. 그러면 그 행동이 당신을 새롭게 조율하도록 이끌 것이다.

★
303

새로운 정체성에 따라 살기

이제 자신이 선택한 새로운 정체성에 따라 살면 된다. 스스로에게 질문을 던져라. "나는 무엇이 될 수 있을까? 앞으로 어떤 사람이 될 것인가? 지금 어떤 모습으로 변모하고 있는가?"

환경이 어떻든 상관없이 내가 이루고자 하는 목표를 먼저 이룬 사람처럼 행동하겠다고 다짐하자. 그 사람처럼 타인의 이야기에 귀 기울이고, 품위와 존중의 마음, 열정과 사랑을 가지고 사람들을 대하자.

자신이 되고자 하는 사람처럼 생각하고 느끼고 행동하기로 결정한다면 당신은 그 사람이 될 것이다.

★
304

지금의 나에게만 집중하기

당신은 지금 교차로에 서 있다. 당신이 누구였는지 과거는 잊어버려라. '나는 지금 누구인가? 나는 어떤 사람이 되기로 결정했는가?'에 온전히 집중하자. 의식적으로 이에 대한 결정을 내려라. 신중하게, 힘있게, 과감하게 결정하라. 그리고 실행에 옮겨라!

Section 11.

부와 성공의 전제조건

몸과 마음의 건강이 열쇠다

★

당신의 신념을 행동으로 옮겨라.

랄프 왈도 에머슨 Ralph Waldo Emerson

★
305

모든 것을 이룰 수 있다는 믿음

지금까지 배운 전략과 방법, 실행해온 것들의 열매를 거둬들일 때가 되었다. 스스로를 믿자. 지금까지 실행한 방법들은 신체적, 재정적 이득, 인간관계 등 몇 가지 주요 분야에 초점이 맞춰져 있다. 매일매일 최고의 수준에 맞춰 살 수 있도록 보장하는 방법을 내 것으로 만들었다면 충분히 자신이 원하는 삶을 이룰 수 있다. 다시 한 번 점검해보자.

★
306

건강을 유지하는 훈련

원하는 결과를 얻을 수 있는 습관을 얻기 위해 신경계를 조절하는 법을 배웠듯이, 신체적 운명은 적정 수준의 에너지를 얻고 몸을 단련하기 위해 신진대사와 근육을 어떻게 조절하느냐에 달려 있다. 당신이 원하는 건강의 수준은 어느 정도인가? 몸을 관리하고 건강을 유지하기 위해 규칙적으로 무엇을 할 것인지 계획을 세워보자.

★
307

신체 능력을 극대화시키는 방법

인체를 가장 효율적으로 기능하게 하는 것은 무엇일까? 육상선수인 스투 미틀먼Stu Mittleman이 얻어낸 놀라운 성과는 몇몇 기본 원칙의 힘을 보여준다. 그는 11일 19시간 동안 1,000마일 이상 달려 세계 신기록을 세웠다. 하루 평균 84마일을 달린 셈이었다. 더욱 놀라운 사실은 현장에 있었던 사람들이 전하는 그의 모습이다. 그가 결승점에 들어왔을 때 상태가 더 좋아 보였다고 한다. 부상도 없었고, 심지어 발에 물집 하나 생기지 않았다. 어떻게 신체 능력을 한계점까지 발휘하고 극대화시킬 수 있었을까? 미틀먼은 수년간 혼신을 다해 몸과 마음을 단련했다. 점차 강도를 높여 훈련하고, 자신에 대한 요구사항을 늘려간다면 무엇이든 적응할 수 있다는 사실을 증명해낸 것이다.

★
308

건강과 신체 단련의 균형 유지하기

건강health과 신체 단련fitness이 서로 다르다는 사실은 스투 미틀먼이 장거리 달리기에서 신기록을 세울 수 있었던 두 번째 이유다. 필립 매피톤Philip Maffetone 박사는 신체 단련이 '운동 기능을 수행할 수 있는 신체적 능력'이라고 했다.

하지만 건강은 보다 넓은 의미로 해석되어 '우리 몸의 모든 시스템이 적절하게 기능하는 상태'를 말한다.

신체 단련이 곧 건강이라고 생각하는 사람이 많지만 이 2가지가 반드시 같은 것은 아니다. 건강을 잃어가면서 몸을 만들고 단련한다면 그 멋진 몸매를 충분히 즐기기도 전에 눈을 감을 수도 있다.

삶에서 무엇을 우선순위에 둘 것인가? 건강과 신체 단련 사이에 균형을 이루는 방법에 대해서 생각해보자.

★
309

나에게 필요한 운동 실행하기

자신의 건강 상태를 극대화시키는 가장 좋은 방법은 유산소aerobic 운동과 무산소anaerobic 운동의 차이, 즉 지구력과 힘의 차이를 이해하는 것이다. 유산소 운동이란 말 그대로 산소와 결합시킨다는 의미로 일정 시간 동안 지속하기에 적절한 운동이다. 만약 유산소 운동을 꾸준히 하면, 몸에서는 가장 먼저 지방을 연료로 태운다. 이에 반해 무산소 운동은 짧은 순간에 힘을 분출하는 운동이다. 무산소 운동은 글리코겐을 기본 연료로 태우고 지방은 그냥 쌓아둔다.

이들 둘 사이의 차이에 대해 인지하고, 스스로 어떤 쪽인지 생각해보자. 건강한가? 체력이 좋은가? 혹은 둘 다 아닌가? 이에 대해 답을 해보고 자신에게 필요한 것부터 시작해보자.

★

310

느긋함을 가져보기

주위를 보면 피로감을 호소하는 사람들이 많다. 이는 기본적으로 최소의 시간으로 최대의 효과를 얻으려는 욕심 때문이다. 많은 이들이 스트레스와 각종 요구 사항을 견디며 무산소 운동과 같은 생활방식으로 살아가고 있다. 그렇게 살아가면 우리 몸에서는 글리코겐이 고갈되어버리고 혈당을 에너지원으로 사용하게 된다. 이로 인해 두통, 피로감 등 각종 건강 문제가 발생한다.

어떻게 하면 무산소 운동에서 유산소 운동으로 전환할 수 있을까? 답은 생각보다 간단하다. 조금만 느긋해지면 된다. 필립 매피톤 박사는 걷기, 뛰기, 자전거 타기, 수영 같은 대부분의 운동은 유산소 운동도 될 수 있고, 무산소 운동도 될 수 있다고 말한다. 낮은 심장박동수는 유산소 운동, 높은 심장박동수는 무산소 운동으로 만든다.

운동을 하든, 일상생활을 하든 좀 더 느긋하게 속도를 늦추는 것이 어떨까?

★
311

체질 개선을 위한 노력

지방을 태우는 시스템으로 체질이 개선되려면 신진대사가 계속 유산소 운동 방식으로 진행되도록 길들여야 한다. 매피톤 박사는 최소 2개월에서 최대 8개월 동안은 유산소 운동만 해야 한다고 말한다. 그런 다음 주당 1~3회의 무산소 운동을 해야 건강과 신체 단련의 균형을 맞출 수 있다고 말한다.

최적의 건강 상태를 만드는 것은 인생에서 매우 중요한 일이다. 누군가에게 조언을 구하는 것도 필요하다. 지금 누구의 어떤 조언을 받아야 할지 한 번 생각해보자.

312

몸은 인간 정신이 그려낸 그림

영국의 철학자 루드비히 비트겐슈타인Ludwig Wittgenstein은 이렇게 말했다.

"인체는 인간의 정신이 그려낸 가장 멋진 그림이다."

내 몸은 내적 자아에 대해 무엇이라고 말하는지 스스로에게 물어보자.

★
313

유산소 운동인지 점검하기

건강에 있어 가장 중요한 요소는 산소다. 산소가 없으면 세포가 생명력을 잃고 만다. 운동하는 동안 산소량이 줄어드는 것을 막아야 한다. 이를 위해 유산소 운동에서 무산소 운동으로 바뀌지 않았는지 확인할 필요가 있다. 다음 질문에 답해보자.

- 운동하는 동안 말할 수 있는가(유산소), 아니면 숨이 차서 하지 못하는가(무산소)?
- 호흡이 일정하고 잘 들리는가(유산소), 아니면 숨쉬기가 힘든가(무산소)?
- 운동한 후 피곤하지만 기분은 상쾌한가(유산소), 아니면 힘들기만 한가(무산소)?
- 운동 강도에 따라 0(최저 수준)부터 10(가장 격한 운동)까지 점수를 매긴다면 몇 점인가? 6, 7 정도가 가장 이상적이다. 7이 넘는다면 무산소 운동 범주로 넘어간 것이다.

★
314

지속적인 운동을 위한 원칙

일상생활에서 즐겁고 꾸준하게 운동할 수 있는 방법을 소개한다.

- 규칙적으로 유산소 운동을 할지, 무산소 운동을 할지 결정하자. 아침에 일어날 때 피곤한가? 운동 후 몹시 배가 고픈가? 운동 후 통증을 느끼거나 감정적으로 고통을 느끼는가? 꾸준히 노력해도 계속 살이 찌는가? 만일 이 질문들에 모두 "예"라고 대답했다면 무산소 운동을 하고 있을 가능성이 높다.
- 휴대용 심박동수 측정기를 구입하자. 심박동수 측정기가 있으면 적절하게 유산소 운동을 하고 있는지 계속 체크할 수 있다. 이는 스스로를 위한 최고의 투자가 될 것이다.
- 신진대사 과정에서 지방을 태워 일정량의 에너지를 발생시킬 수 있도록 개선하자. 조절 계획을 세우고 적어도 10일 동안은 이 계획을 꾸준히 실천하자.

★
315

소중한 파트너십 지키기

인생에서 가장 중요한 것은 돈독한 인간관계다. 이보다 더 중요한 것은 없다. 부부관계도 마찬가지다. 함께 나눌 사람이 없다면 성공도 무의미하다. 그런 의미에서 우리에게 중요한 것은 유대감, 파트너십이다. 앞으로 며칠간 성공적인 관계, 특히 파트너십을 유지하는 중요한 6가지 원칙에 대해 생각해보자.

관계를 잘 만들고 유지하려면 상대방의 가치관과 기본 원칙을 알아야 한다. 누군가를 아무리 사랑해도, 아무리 친해도, 계속 그 사람의 규칙을 깨버리면 불화와 스트레스가 생길 수밖에 없다. 상대의 기본 원칙을 모르거나 잊어버렸다면 그것을 알아보자. 또한 기본 원칙에 관해 서로 이야기 나눈 지 오래되었다면 다시 한 번 확인하는 것이 좋다.

★
316

베풀어야 오래 간다

관계를 지속하는 유일한 방법은 돌려받을 것을 생각하지 않고 베푸는 것이다.
내가 상대에게 줄 수 있는 가장 가치 있는 것은 무엇인지 생각해 보자.

★
317

경고 신호 놓치지 않기

관계를 원만하게 유지하려면 사소한 경고 신호라도 잘 감지해야 한다. 그것을 알아차리고 즉각 대처함으로써 손을 쓸 수 없는 지경에 이르기 전에 문제를 바로잡을 수 있다.

관계에서 치료가 필요한 경고 신호가 없는지 살펴보자. '괴물은 작을 때 없애야 한다'는 것을 다시금 기억하자. 괴물이 너무 커져서 기회를 놓치기 전에 취할 수 있는 조치가 무엇인지 생각해보자.

★
318

솔직한 소통을 하자

무엇이 잘못되었는지 모르는 채 관계가 깨질 수도 있다. 관계를 성공적으로 유지하고 싶다면 가장 좋은 방법은 솔직하게 소통하는 것이다. 내 규칙을 파트너가 알고 있는지 확인하고 타협하자. 반드시 지켜야 하는 원칙이라면 예기치 못한 논쟁을 막기 위해 파트너와 논쟁의 패턴 깨는 방법을 만들어두자. 그리고 사소한 것이 큰 문제로 불거지는 것을 막고 싶다면 '변형 어휘'를 사용하자. "네가 그러는 걸 더 이상 못 참겠다고!"라고 말하는 대신 "이렇게 해보면 더 좋을 것 같은데"라고 말하자.

파트너와 공유해야 하는 나의 기본 원칙, 꼭 지켜줘야 할 상대의 기본 원칙을 생각해보자.

어떤 일보다 가족이 중요하다

내게 가족 간의 관계는 얼마나 중요한가? 모든 일에 최우선순위인가? 만약 가족 관계를 최우선순위에 두지 않는다면 매일 일어나는 더 급한 일들에 밀려 가족은 뒷전으로 밀려나고 말 것이다. 그러면 점차 사랑하는 사람에 대한 열정도 식고 말 것이다.
내게 특별한 사람이 있다는 흥분과 감사를 잃어버리고 덤덤해져서는 안 된다.

★
320

관계 자체를 의심하지 말라

관계가 지속되길 바란다면 관계를 위협하는 말을 내뱉지 말자. "당신이 계속 그렇게 한다면 난 떠날 거야"와 같은 말에는 관계가 흔들릴 가능성이 있다.

하루하루 관계를 발전시키는 데 초점을 맞추자. 오랫동안 만족스러운 관계를 유지하고 있는 부부들이나 친구들을 보면 그런 기본 원칙을 지키고 있음을 알 수 있다. 그들은 아무리 서로에게 화나고 상처받는 일이 있어도, 관계를 지속할 것인지 말 것인지에 대해 의문을 갖거나 위협하는 일은 절대 하지 않는다.

★
321

사랑하는 이를 위해 오늘 할 수 있는 일

지금 곁에 있는 이의 사랑스러운 점을 날마다 새롭게 느끼는 것은 인생이 주는 최고의 선물 가운데 하나다. 끊임없이 상대에게 질문하고, 유대감과 친밀감을 강화하고 매력을 찾자. "당신을 만난 건 정말 행운이야"라고 속삭이자. 서로 상대를 놀라게 해주고, 감사한 마음을 표현할 방법을 모색하자. 상대방의 존재를 당연하게 받아들이지 말라. 둘만의 약속을 영원히 기억하게 해줄 특별한 순간을 만들어보자.

사랑하는 사람을 위해 오늘 할 수 있는 일은 무엇일까?

★
322

옳은 것보다 사랑하는 것이 더 중요하다

사랑을 단단하게 유지하기 위해 어떤 노력을 하고 있는가? 사랑하는 사람과의 관계에서 지켜야 할 몇 가지 기본 원칙이 있다.

◆ 소중한 사람과 시간을 보내고 서로에게 가장 중요한 것이 무엇인지 찾아보자.
우리 관계에서 가장 중요한 가치는 무엇인가? 그 가치가 실현될 때 서로에게 어떤 일이 일어날까?

◆ 옳은 것보다 사랑하는 것이 더 중요하다고 믿자.
자신이 옳다는 고집을 버리지 못하고 있는 모습을 발견하면 즉시 그 패턴을 깨버려야 한다. 필요한 경우 해결책을 찾기 위해 잠시 논쟁을 멈추고, 충분히 준비가 된 다음 다시 이야기를 나누자.

★
323

사랑을 마음껏 표현하자

사랑하는 사람과의 관계를 유지하기 위해 지켜야 할 기본 원칙을 몇 가지 더 살펴보자.

- 화가 많이 나서 흥분했을 때 서로 멈출 수 있는 패턴 깨기 방식을 정해두기 – 아주 엉뚱하거나 유머러스한 말을 사용해 패턴을 깨버리자. 매우 사적이고 긴밀한 농담을 던질 수도 있다.
- 의견이 부딪치면 부드러운 말로 대화하기 – "내가 이상하다는 거 알아. 하지만 네가 그렇게 하면 나도 마음이 편치 않아"와 같은 말을 사용해보자.
- 정기적으로 저녁 데이트를 정해두기 – 일주일에 한 번, 적어도 한 달에 두 번 정도는 낭만적인 데이트를 해보자.
- 매일 사랑을 담은 키스를 해주기

★
324

경제적 성공의 진정한 의미 알기

많은 사람들이 돈만 충분하면 모든 문제를 해결할 수 있다고 생각한다. 그러나 돈을 많이 벌었다는 사실만으로는 완전히 자유로워지지 않는다.

반면 경제적 자유와 성공이 우리에게 더 성장하고, 나누고, 자신과 다른 이들을 위한 가치를 세우는 데 도움이 되지 않을 것이라는 사실 또한 우스운 일이다.

★
325

돈에 대한 이중적 잣대 버리기

부를 창출하는 방법은 의외로 간단하다. 하지만 대부분의 사람들은 돈에 대한 가치관과 자기 믿음이 서로 갈등을 빚어 부를 창출할 기회를 잃는다. 사람들이 돈에 대해 복합적인 감정을 가지고 있기 때문이다. 돈으로 얻을 수 있는 것들의 가치를 인정하면서도 한편으로는 돈을 벌려면 뼈 빠지게 일해야 하며 돈이 사람을 타락시킨다고 생각한다. 또 부자는 다른 사람을 이용해서 부를 얻었다고 생각한다.

부를 창출하지 못하는 또 다른 이유는 돈 버는 일이 너무 복잡해서 전문가나 할 수 있는 것이라고 생각하기 때문이다. 전문가의 조언을 받는 것도 좋지만, 먼저 스스로가 내린 경제적인 결정의 결과에 책임을 지고, 또 그것을 이해할 수 있도록 훈련해야 한다.

★
326

경제적 성공 열쇠 1. 일의 가치 높이기

세계에서 가장 성공한 사람들을 연구하면서 경제적 성공을 얻는 5가지 열쇠를 찾았다.

첫 번째 열쇠는 부를 창출하는 능력이다. 자신이 지금 하고 있는 일의 가치를 최소한 10배~15배 정도 끌어올릴 수 있다면 좀 더 쉽게 돈을 벌 수 있다.

다음의 질문으로 시작해보자.

"어떻게 하면 회사에 더 많은 가치를 부여할 수 있을까? 단기간 내에 회사가 더 많은 성과를 내려면 나는 어떻게 해야 할까? 비용을 절감하면서 수익성과 품질을 높일 수 있는 방법은 무엇일까? 어떤 새로운 시스템을 시행할 수 있을까? 회사의 경쟁력을 높여줄 새로운 기술 가운데 무엇을 사용할 수 있을까?"

★
327

경제적 성공 열쇠 2. 아껴쓰기

부를 얻는 두 번째 열쇠는 부를 유지하는 것이다. 지출이 수입을 넘지 않도록 하고 남은 돈은 투자하는 것이다.

매우 단순하고 기본적인 방법이지만 의외로 잘 지키지 못하는 원리이기도 하다.

★
328

경제적 성공 열쇠 3. 재투자하기

저축은 중요한 목표지만 그 자체로는 경제적인 풍요를 가져다주지 않는다. 부를 얻는 세 번째 열쇠는 부를 늘리는 것이다. 버는 것보다 적게 쓰고, 남은 돈은 투자하고, 이를 통해 얻은 이자를 복리로 늘리기 위해 재투자하자. 얼마나 빨리 경제적 자유를 얻게 될지는 이전에 얻은 투자 수익을 쓰지 않고 재투자하려는 의지와 정비례한다.

★
329

경제적 성공 열쇠 4. 부를 지키기

타깃이 되기를 원하는 사람은 없다. 부를 얻는 네 번째 열쇠는 부를 지키는 것이다. 부유한 사람들은 사실 돈이 없었을 때보다 더 불안함을 느낀다. 언제든 어떤 사건에 휘말려 부를 잃을 수 있기 때문이다. 자산을 보호할 안전장치를 마련하자.

자산을 보호할 필요가 있는가? 아직 이런 문제와 직접적인 상관이 없더라도, 인생의 다른 영역과 마찬가지로 전문가의 조언을 듣고 이미 부를 지키고 있는 사람들에게서 지혜를 구해야 한다.

★
330

경제적 성공 열쇠 5. 부를 나누고 누리기

너무 늦기 전에 경제적 자유를 누려라. 부를 얻는 다섯 번째 열쇠는 부를 즐기는 것이다. 주위에 보면 어느 정도 돈이 모일 때까지는 삶을 즐기는 것을 미뤄둔다. 그러나 돈을 벌고 가치를 창출하는 것도 즐거움이 뒷받침되지 않으면 결코 오래 지속할 수 없다. 가끔 깜짝 보너스로 자신에게 보상해주자. 종교가 있다면 십일조를 내는 것도 좋은 방법이다. 혹은 복지기관 같은 곳에 정기적인 후원금을 내는 것도 좋은 방법이다. 소득의 일정 비율을 다른 사람에게 기부함으로써 자신이 이미 충분히 많이 가지고 있다는 것을 깨달을 수 있다.

진정한 부는 절대적인 풍요로움의 감정이다. 돈이란 소중한 사람들과 그 긍정적인 영향을 나누지 않으면 아무 가치도 없는 것이다. 자기 수입의 일정 비율을 나누고 기부함으로써 삶이 주는 최고의 기쁨을 맛볼 수 있을 것이다.

★
331

경제적 미래 관리하기

지금부터 자신의 경제적 미래를 관리하자.

- 돈에 대해 가지고 있는 모든 신념을 재검토하자. 기존의 신념에 의문을 제기하고 자신에게 힘이 되는 신념은 강화시켜라. 새로운 신념, 즉 패턴을 길들이는 데 나크 6단계•를 활용하라.
- 눈앞의 이익에 연연해하지 말고 일의 가치를 높이는 방법을 찾자. 지금보다 몇 배는 더 많은 가치를 높이겠다고 다짐하자.
- 급여의 최소 10퍼센트는 저축하고, 포트폴리오에 따라 투자해보자.
- 현명한 투자 결정을 내리는 데 도움이 될 조언자를 찾아라.
- 가끔 자신을 위한 깜짝 선물을 준비하자. 이를 통해 경제적 성공이 가져다주는 기쁨을 맛보자. 누구를 위해서 특별한 일을 할 수 있는가? 하루를 시작하면서 스스로를 북돋아줄 방법은 무엇인지 찾아보자.

• 〈습관 바꾸기가 실패하는 이유〉, 147페이지 참조.

★
332

삶의 가치 점검하기

자신이 추구하는 가치의 우선순위를 정하는 것은 매우 중요한 일이다. 하지만 어떤 판단이나 평가도 하지 않으면, 매일매일 또는 순간순간 그 원칙들을 따르고 있는지 확인할 수 없다.

나눔과 헌신이 가장 중요한 가치라 한들 그것을 계속 지속할 수 있겠는가? 사랑을 아무리 중요하게 생각한다 해도 갈등과 증오의 감정을 느끼는 순간도 있지 않은가.

그렇다면 어떻게 해야 하는가? 가장 좋은 방법은 '나만의 행동 수칙'을 만드는 것이다.

★
333

인생 로드맵 작성하기

황당한 일이 벌어졌더라도, 어떤 상황에서 어떻게 행동할지가 명확하게 느껴졌던 적이 있는가? 대부분의 사람들은 하루하루 선택하고 살아가면서 따르고자 하는 규칙을 정해놓을 뿐 이런 확신을 갖지 못한다. 내가 무엇에 전념할 것인지에 관해 나만의 행동 규범을 만들어두면 인생 최고의 로드맵이 될 것이다.

- 자신의 원칙과 가치관에 따라 살기 위해 매일 유지하려고 노력하는 감정 상태들을 모두 적어보자. 스스로 풍요로움과 다양함을 누리고 있는지 확인할 수 있을 만큼 충분하게 작성하자. 단, 매일 성취감을 얻을 수 있을 정도로 간단해야 한다.

★
334

행동 수칙을 따르는 법

- 자신이 적어놓은 각각의 감정 상태 옆에 어떤 때 그런 감정을 느끼는지 기본 원칙을 적어보자. 예를 들어 '유쾌함' 옆에 '사람들에게 미소 지을 때', '감사함' 옆에 '지금 누리고 있는 것들을 생각할 때'라고 적는 것이다.
- 적어도 하루 한 번 각각의 감정 상태를 느끼도록 노력하자. 행동 수칙을 적어가지고 다니거나, 눈에 잘 보이는 곳에 붙여놓아도 좋다. 수시로 목록을 보면서 질문을 던져보자. "이 중에서 오늘 이미 경험한 것은 무엇인가? 아직 경험하지 못한 것은 무엇인가? 어떻게 해야 오늘 모든 것을 경험할 수 있을까?"

Section 12.

최고의 선물

모든 것은 나눌수록 더 커진다

★

바람과 물의 힘, 중력을 이용한 후
언젠가 우리가 사랑의 힘을
이용하게 될 날이 올 것이다.
바로 그 날, 인류는 세계사에서 두 번째로
불을 발견하게 될 것이다.

피에르 테야르 드 샤르댕 Pierre Teilhard de Chardin

★
335

누가 삶의 기쁨을 느끼는가

나는 지금까지 특권층부터 가난한 사람들까지 사회 각계각층의 사람들과 일했다. 이런 기회가 주어진 것은 특별한 영광이다. 그리고 나는 이 과정에서 한 가지 사실을 분명히 알았다. 그것은 지위에 상관없이 사심 없는 진정한 나눔의 힘을 아는 사람들만이 삶의 기쁨을 경험한다는 것이다.

★
336

본질적 자아와 만나는 기쁨 누리기

누구나 사심 없이 나누는 기분이 무엇인지 느껴보았을 것이다. 친구를 돕고, 아이에게 문제를 극복하는 법을 보여주고, 힘든 프로젝트를 수행하는 동료를 돕고, 위태롭게 계단을 올라가는 노인을 부축해준 일 등을 통해서 말이다. 이러한 경험은 본질적 자아를 발견하는 환희의 순간을 선사한다. 그래서 우리는 끊임없이 나누고 돕는 사람들에게 감동을 받고 마음이 움직인다.

이 장은 당신에게 보내는 초대장이다. 스스로 지속적으로 베푸는 사람이 됨으로써 삶의 질을 높이고자 하는 이들에게 가능성을 선물하는 그룹의 일원으로 당신을 초대한다.

★
337

세상을 바꾸는 용기

한 사람의 평범하지만 용기 있는 행동이 한 나라의 양심을 깨운 사건이 있었다. 사무엘 라부데Samuel LaBudde는 참치 어선인 마리아 루이자호에 임시 선원으로 잠입해, 목숨을 걸고 돌고래를 대량 학살하는 광경을 촬영하였다.

4년 후인 1991년, 세계 최대의 참치 통조림 회사 스타키스트Starkist는 돌고래의 생명을 위협하는 대형 건착망 사용을 중단하겠다고 발표했고, 다른 통조림 회사들도 몇 시간 간격으로 같은 내용을 발표했다. 라부데의 용기와 신념은 수많은 돌고래들의 목숨을 구했고 생태계가 균형을 회복하는 데 크게 기여하였다.

생각의 전환과 작은 용기만으로도 다른 이들의 삶과 세상을 바꿀 수 있다면 무엇을 할 것인가?

★
338

한 사람에서 비롯된 위대한 해결책

세계적인 문제를 해결하려면 반드시 초인적인 노력이 필요할까? 그렇지 않다. 삶에서 우리가 무엇을 경험했든 그것은 그동안 개인, 가족, 공동체, 지역사회, 인류가 주체적으로 내린 작은 결정들이 쌓이고 쌓여 만들어진 결과다.
세상의 변화를 이루어낸 위대한 해결책도 작지만 지속적으로 노력을 행동으로 옮기는 한 개인에서 시작한다.

★
339

나눌수록 넓어지는 영향력 범위

오늘날 우리가 직면하고 있는 모든 국가적 · 세계적 문제들은 사실 인간 행동에서 비롯된 것이다. 근본 원인이 우리 행동이기 때문에 우리에게 변화시킬 힘도 있다. 이 얼마나 멋진 일인가. 우리는 가정, 직장, 공동체에서 분명히 긍정적인 결과를 가져올 행동을 취할 수 있다. 영향력의 범위는 우리가 상상하고 나누는 만큼 넓어진다.

나의 영웅은 누구인가

인간은 어떻게 차이를 만드는가? 세계 역사는 놀라운 헌신을 했던 소수의 보통 사람들이 일구어낸 사건들의 연대기다. 삶의 질에 본질적인 변화를 만드는 힘을 가진 이런 이들을 우리는 영웅이라 부른다.

당신의 영웅은 누구인가? 한 번 생각해보자.

★
341

모두에게는 영웅의 자질이 있다

나는 모든 사람이 영웅의 자질, 즉 다른 이들의 삶을 더 낫게 만들기 위해 대범하고 용기 있게, 고결한 발걸음을 디뎌가는 자질을 가지고 있다고 믿는다. 설사 단기적으로 보면 자기 자신을 위한 일을 하고 있는 것처럼 보이는 때조차도 그들은 모든 이들의 더 나은 삶을 향해 나아간다.

옳은 일을 해내는 능력, 태도를 정하고, 차이를 만들어내는 힘은 바로 자기 안에 있다. 스스로에게 질문해보자. "때가 왔을 때 내가 영웅이라는 것을 기억하고 아무 조건 없이 어려움에 빠진 사람을 도울 것인가?"

인격은 어떻게 만들어지는가

어려움을 극복하는 일은 인격을 형성하는 데 필요한 가혹한 시련이다.

★
343

인생의 결정적 순간

테레사 수녀는 태어날 때부터 영웅이었을까? 그렇지 않다. 테레사 수녀는 인도 캘커타에서 비교적 부유한 계층의 아이들을 가르치는 교사 수녀로 일한 적은 있었지만 빈민층이 사는 지역에 가본 적은 거의 없었다. 그러던 어느 날 죽어가는 한 여인의 울음소리를 듣게 되었다. 테레사 수녀는 죽어가던 여인을 구하기 위해서 늦은 밤까지 병원을 전전했지만 그 어떤 병원도 여인을 받아주지 않았다. 자신의 팔에 안긴 채 여인이 숨지는 것을 본 그날, 테레사 수녀의 삶은 바뀌었다. 어쩌면 운명이었을지 모를 그 순간, 마더 테레사는 자신이 살아 있는 한 누구도 존엄함과 사랑 없이 죽는 일은 없게 만들겠다고 맹세했다.

스스로의 인생에서 이런 결정적인 순간이 있었는지 한 번 생각해보자.

★
344

타인을 용기 있게 돕는 사람

영웅은 어떻게 만들어지는가? 영웅이란 가장 힘든 상황에서도 용기 있게 다른 이들을 돕는 사람이다. 영웅은 사심 없이 행동하고, 다른 사람들의 기대와 상관없이 자신에게 엄격한 사람이다. 아무리 두려워도 옳다고 믿는 일을 실행함으로써 역경에 맞서는 사람이다.

345

완전무결한 사람은 없다

영웅은 완벽한 사람이 아니다. 기준이 '완벽함'이라면 세상에 영웅은 존재하지 않을 것이다. 사람은 누구나 많은 실수를 저지르며 살아간다. 하지만 그 때문에 지금까지 타인을 돕고 나눈 일들이 무의미해지는 것은 아니다. 영웅의 덕목은 완벽함이 아니라 휴머니즘이다.

★
346

불꽃을 일으키는 방법

심각한 사회 문제에 어떻게 대응할 수 있을까? 불꽃으로 활활 타오르기를 기다리고 있는 영웅의 빛이 각자의 내면에서 빛나고 있다는 것을 기억하자. 여기에 불을 붙이는 첫 번째 비결은 높은 기준을 정하고, 그 결심을 실행하는 것이다.

★
347

모든 변화는 한 걸음에서 시작된다

사회 문제가 너무 막막하고 위압적으로 느껴진다면 자신의 믿음을 변화시킴으로써 이를 제어할 수 있다. 무엇보다 그런 상황이 쉽게 끝나지 않을 것이고, 나 혼자 나서봤자 소용없을 것이라는 생각을 버려야 한다. 마하트마 간디가 혼자만의 생각이라는 이유로 포기했는가? 테레사 수녀가 가난한 자들의 고통을 돌보는 수녀가 자기뿐이라는 이유로 열정을 저버렸는가? 에드 로버츠Ed Roberts가 자기 혼자 장애인들의 권리를 위해 싸우고 있다는 중압감 아래 무너졌던가?

자신의 행동이 세상에 변화를 일으킬 수 있음을 보여주기 위해 무언가 새로운 일에 도전해보자. 병원에서의 봉사 활동도 좋고 노숙자 배식 봉사도 좋다. 글을 배우려는 어르신들을 돕고, 어린 미혼모들에게 양육 방법을 가르쳐주고, 요양원에 풍선 다발을 들고 찾아가 즐겁게 해드리는 일 등을 해보자.

★
348

작은 나눔이 가져오는 위대한 결과

만약 당신이 노숙자와 친해져서 그가 모르는 경험들을 함께 나눈다면 어떻게 될까? 같이 영화관이나 미용실에 가면 그들은 어떤 기분이 들까? 새로운 경험 자료가 새로운 믿음과 정체성을 세우기 위한 빼대가 된다는 것, 그리고 작은 노력이 위대한 결과를 가져올 수 있다는 것을 기억하라.

무언가 새로운 것을 시작해보자. 무엇을 할지 정하고 계획을 세우고, 이루어지도록 실행해보자. 나눔은 우리의 그 어떤 노력보다도 더 많은 보상을 안겨줄 것이다.

★
349

무엇을 남겨줄 수 있는가

오늘 우리가 매일매일 내리는 결정이 다음 세대에게 물려줄 세상의 모습을 만들어간다. 저녁 식탁에 무엇을 올려놓는가? 어떤 화장품을 사용하는가? 어떤 가정용품을 구입하는가? 이러한 일상의 선택은 대기 중에 얼마나 많은 이산화탄소가 배출되고 매일 얼마나 많은 동식물 종이 멸종될 것인지 등에 영향을 미친다. 마찬가지로 내가 일상적으로 내리는 결정은 열대 우림의 파괴를 막고, 생태계의 균형을 회복시키고, 다음 세대를 위한 희망의 유산을 마련하는 데 힘을 보탤 수 있다.

★
350

더 나은 미래를 위한 나눔

어떻게 하면 우리 아이들에게 더 나은 미래를 만들어줄 수 있을까? 무엇보다 교육의 질을 높이기 위한 결정에 적극적으로 참여해야 한다. 아이들에게 자신이 익힌 유용한 지식을 알려주는 스승이 되어줄 수 있는가? 질문의 강력한 힘, 보편적 비유, 변형 어휘, 가치, 기본 원칙, 그리고 신경연상체계 조절의 힘을 다시 한 번 정리해보자.

자신이 알고 있는 것, 정말로 좋은 영향을 미칠 수 있는 것을 나눠야 한다.

★
351

자기 행동에 대한 책임감 갖기

아이들이 자신이 어떤 일을 하든 문제없다는 생각의 덫에 빠지게 두는 것만큼 위험한 일은 없다. 아이들에게 그 행동의 결과가 어떨지 가르쳐주어야 한다. 사소한 결정이나 행동도 커다란 영향을 미칠 수 있다는 사실을 알려주자.

오늘은 어떻게 용기를 북돋아주는 롤모델이 될 것인가? 헌신, 진실성, 성실함의 힘을 어떻게 보여줄 것이며, 이를 통해 무엇이 가능한지 어떻게 증명해낼 것인가?

★
352

계획보다 실행하자

변화를 만들어내기 위해 굉장한 계획이 완성될 때까지 기다릴 필요는 없다. 별거 아닌 일을 할 때에도, 간단한 결정을 하는 순간에도 우리는 얼마든지 영향력을 행사할 수 있다. 우리의 영웅적 자질은 대부분 사소해 보이지만 꾸준히 이어져 온 행동 뒤에 감춰져 있다. 주위를 둘러보라. 어디에서든 영웅을 찾을 수 있을 것이다.

★
353

부를 얻는 것보다 더 좋은 일

눈앞에서 누군가 심장마비를 일으켰는데 마침 심폐소생술 자격증이 있다거나 어떻게 그 상황을 대처해야 할지 알고 있다면 어떨까? 게다가 고군분투해서 실제로 누군가의 목숨을 구했다면 기분이 어떨까?

이런 경험에서 느끼게 되는 헌신의 감정은 인생에서 느껴본 그 어떤 감정보다 더 큰 성취감과 기쁨을 안겨줄 것이다. 그것은 지금껏 받아본 그 어떤 찬사보다도, 지금껏 성취한 경제적 성과나 그 어떤 업적보다도 더 큰 행복을 선사할 것이다.

누군가 도울 수 있는 준비를 하려면 지금 무엇을 배우는 것이 좋을지 생각해보고 실행해보자. 오늘 심폐소생술 수업에 등록해 응급상황 시 당신의 도움이 필요한 사람을 구할 수도 있다.

★
354

행복은 쉽게 전염된다

미소 하나만으로도 누군가를 행복하게 만들 수 있다. 슈퍼마켓에서 무표정한 얼굴로 이리저리 왔다 갔다 하지 않고 미소 짓고 눈인사를 한다면 어떨까? 처음 보는 사람에게 정중하게 인사를 건네고 미소를 띄운다면 어떨까? 어쩌면 상대방도 다른 이들을 향해 미소를 짓고 싶은 마음을 갖게 되지 않을까? 그 한 번의 행동으로 도미노 효과가 일어날 수 있지 않을까?

이 모든 것이 내 감정 상태와 정체성에 어떤 영향을 미칠지 생각해보자.

인생이란 선물을 어떻게 누릴 것인가

시간을 내어 양로원에 들러 노인들과 이야기를 나눠보면 어떨까? 어르신들께 이렇게 질문을 해보자. "평생 배운 것 중에서 가장 중요한 교훈은 무엇인가요?" 이렇게 인생의 지혜를 구한다면 아마 많은 이야기들을 들을 수 있을 것이다.

지역 병원 같은 곳을 찾아가 환자들을 위로하고 즐겁게 해주는 건 어떨까? 외로운 이들과 함께 정을 나누는 것은 또 어떨까? 내가 이렇게 했을 때 상대는 어떤 감정을 느낄까?

중요한 것은 스스로가 자신에 대해, 인생이란 선물에 대해 어떻게 느끼는가이다.

★
356

즐기고 싶다면 전력투구하자

왜 많은 사람들이 남을 도우려는 사소한 노력을 하지 않는 걸까? 가장 일반적인 이유는 쑥스럽고 어색하기 때문이다. 혹은 거절당하거나 어리숙하게 보일까 봐 두려워하는 것일 수도 있다. 하지만 인생이라는 게임을 즐기고, 승리하고 싶다면 있는 힘을 다해 게임을 해봐야 한다. 바보 취급을 당할지 모른다고 해도, 제대로 될 것 같지 않은 일이라도 전력투구 해봐야 한다. 그렇지 않고서는 어떻게 변화하고 성장하며 진정한 나 자신을 발견할 수 있겠는가?

★
357

최고의 만족감을 선사하는 일 찾기

우리는 누구나 옳다고 믿는 일을 하고 싶어 하며, 자신의 능력 이상의 일을 해내고, 자신의 에너지, 시간, 감정 그리고 재산을 좀 더 좋은 일을 위해 사용하고 싶은 마음을 가지고 있다.

다른 사람의 기대만큼, 혹은 기대 이상을 해내고 싶은 심리적 욕구뿐 아니라 도덕적 의무감을 충족시키고자 최선을 다한다. 나누면서 느끼는 개인적인 감정보다 더 큰 만족을 주는 것은 없다. 어떤 방식으로 나눔을 실천하고 있는지 생각해보고 내가 할 수 있는 것이 무엇인지 찾아보자.

★
358

여러 사람의 작은 힘 모으기

전 세계 사람들이 일주일에 단 3시간씩만 봉사를 해도 200억 시간 이상의 봉사 시간이 확보된다. 단 3시간인데도 헌신적인 봉사에 필요한 최소 인력을 확보할 수 있는 것이다. 5시간으로 늘린다면 그 수치는 수조 단위의 금전적 가치를 기부하는 것과 같다. 생각보다 어렵지 않게 나눔의 문제를 풀 수 있지 않을까? 사회적, 정치적, 의학적 문제들에서 우리가 작은 노력으로 풀 수 있는 것이 무엇인지 생각해보자.

359

어떤 삶을 살 것인가

영웅을 찾지 말고 스스로 영웅이 되라!

★
360

주는 것과 받는 것의 균형 잡기

인생은 주는 것과 받는 것, 그리고 자신을 돌보는 것과 다른 이를 돌보는 것 사이의 균형을 유지하는 과정이다. 나중에라도 어려운 처지에 있는 사람을 만나면 그냥 지나치거나 돕지 못한다고 죄책감만 느끼지 말고, 해줄 수 있는 것이 무엇인지 찾아보자. 친절한 말 한 마디, 따뜻한 미소를 건네는 것만으로도 상대는 스스로 새로운 길을 갈 수 있는 힘을 얻을 수 있다. 아마 당신도 충분히 그에게 인정과 사랑을 받는 느낌이 뭔지 알려줄 수 있을 것이다.

★
361

인간미 넘치는 사람이 되자

지금 현재를 아쉬움 없이 살아야 한다. 최대한 많이 경험하고 자기 자신과 주위 사람들에게 관심을 기울이자. 즐기고, 열광하고, 괴짜가 되어보자. 한 번쯤 망가져도 좋다!

어떤 길을 가든 그 과정을 즐겁게 누릴 수 있다. 실수를 해도 상관없다. 이를 통해 배우고, 문제의 원인을 찾아 그것을 없애면 된다. 완벽해지려 하지 말라. 다만 인간적으로 따르고 싶은 사람이 되자.

변화를 즐기는 법 배우기

기대와 긴장감은 우리가 신에게 받은 가장 큰 선물 가운데 하나다. 모든 일이 어떻게 될지 미리 알 수 있다면 인생이 얼마나 지루하겠는가! 잠시 후에라도 삶의 방향을 완전히 바꿔놓는 일이 순식간에 일어날 수 있다. 변화를 즐기는 법을 배워야 한다. 확실한 건 모든 것이 변한다는 사실, 그것뿐이다.

363

언제나 성장과 배움을 지속하자

무엇이 나의 삶을 바꿀 수 있을까? 이 책을 다 읽은 후 깊은 생각에 빠진 순간, 혹은 몇 가지 결정만으로도 모든 것이 바뀔 수 있다. 친구와의 진지한 대화, 강의, 영화, 책, 그리고 인생의 크고 작은 문제들도 우리의 삶을 성장시킨다. 삶에서 일어나는 모든 일이 어떤 식으로든 자신에게 도움이 된다는 것을 인정하고 긍정적인 기대를 품고 살아야 한다. 스스로 지금 영원한 성장과 배움의 길을 따라가고 있음을 기억하자.

★
364

내 삶은 기적이다

기적을 기대하라. 하지만 이미 당신 자체가 기적이다.

★
365

빛과 힘을 전하는 사람이 되자

선을 위해 빛과 힘을 전하는 사람이 되자. 타고난 재능, 열정을 나누자. 신의 축복이 함께 할 것이라 믿는다.

옮긴이 **도희진**

연세대학교 영어영문학과 졸업 후, 현재 바른번역 소속 전문 번역가로 활동 중이다. 옮긴 책으로 《자신이 좋아하는 일을 하라》, 《오늘》, 《대가들의 성공 백서》, 《퍼스널 브랜딩 신드롬》, 《남자아이 심리백과》 등이 있다.

토니 로빈스
거인의 생각법

1판 1쇄 발행 2023년 5월 19일
1판 5쇄 발행 2024년 11월 27일

지은이 토니 로빈스
옮긴이 도희진

발행인 양원석
펴낸 곳 ㈜알에이치코리아
주소 서울시 금천구 가산디지털2로 53, 20층(가산동, 한라시그마밸리)
편집문의 02-6443-8842 **도서문의** 02-6443-8800
홈페이지 http://rhk.co.kr
등록 2004년 1월 15일 제2-3726호

ISBN 978-89-255-7646-6 (03320)